ISBN 978-0-282-01567-1
PIBN 10616018

This book is a reproduction of an important historical work. Forgotten Books uses state-of-the-art technology to digitally reconstruct the work, preserving the original format whilst repairing imperfections present in the aged copy. In rare cases, an imperfection in the original, such as a blemish or missing page, may be replicated in our edition. We do, however, repair the vast majority of imperfections successfully; any imperfections that remain are intentionally left to preserve the state of such historical works.

1 MONTH OF
FREE
READING

at
www.ForgottenBooks.com

---◆---

By purchasing this book you are eligible for one month membership to ForgottenBooks.com, giving you unlimited access to our entire collection of over 700,000 titles via our web site and mobile apps.

To claim your free month visit:
www.forgottenbooks.com/free616018

English
Français
Deutsche
Italiano
Español
Português

www.forgottenbooks.com

Mythology Photography **Fiction**
Fishing Christianity **Art** Cooking
Essays Buddhism Freemasonry
Medicine **Biology** Music **Ancient
Egypt** Evolution Carpentry Physics
Dance Geology **Mathematics** Fitness
Shakespeare **Folklore** Yoga Marketing
Confidence Immortality Biographies
Poetry **Psychology** Witchcraft
Electronics Chemistry History **Law**
Accounting **Philosophy** Anthropology
Alchemy Drama Quantum Mechanics
Atheism Sexual Health **Ancient History**
Entrepreneurship Languages Sport
Paleontology Needlework Islam
Metaphysics Investment Archaeology
Parenting Statistics Criminology
Motivational

Nos anciens abonnés savent, et nos nouveaux abonnés verront que nos cahiers sont en premier des cahiers de renseignement, de dossiers et documents, de textes et commentaires; notre premier office est de publier en ce format durable de travail autant que nous le pouvons tous les textes qui sont par leur valeur, par leur qualité, par leur importance, des instruments de travail.

Sur les dossiers et documents, sur les textes et commentaires publiés dans les trois premières séries des cahiers, se référer au

Sixième cahier de la quatrième série, cahier de courrier, courrier de Paris, **inventaire des cahiers,** *en forme de catalogue, un cahier de 72 pages,*   *un franc*

Nous publierons dans un cahier de la cinquième série le relevé sommaire des dossiers et documents, des textes et commentaires publiés dans la quatrième série de nos cahiers.

Un des événements les plus intéressants des récentes opérations politiques parlementaires est la remontée constante et graduelle, raisonnée, de M. Clemenceau. M. Clemenceau a été élu sénateur du Var le dimanche 6 avril 1902. Nous publions ci-après le texte officiel du discours prononcé par lui au Sénat dans la séance du mardi 17 novembre dernier pour la défense des libertés communes contre les usurpations de l'État :

discours pour la liberté

Sénat, session extraordinaire de 1903, compte rendu *in extenso*, neuvième séance, *séance du mardi 17 novembre.* — *Journal officiel* du mercredi 18 novembre 1903 :

Présidence de M. FALLIÈRES, président

Suite de la première délibération : 1° sur la proposition de loi de M. Béraud et plusieurs de ses collègues, tendant à l'abrogation du chapitre premier du titre III de la loi du 15 mars 1850 sur l'enseignement; 2° sur le projet de loi sur l'enseignement secondaire libre : M. le président. — Article 2, texte nouveau, à titre d'amendement proposé par M. Louis Legrand : MM. Louis Legrand, Thézard, rapporteur; Chaumié, ministre de l'instruction publique et des beaux-arts. — Retrait de l'amendement par son auteur. — Article 2 de la commission : MM. de Lamarzelle, Clemenceau. — Renvoi de la suite de la discussion à là prochaine séance.

M. le président. — La parole est à M. Clemenceau.

M. Clemenceau. — Messieurs, cette longue ét grave discussion aboutira-t-elle enfin à des résolutions de clarté? Je voudrais, pour ma part, y contribuer de mon modeste effort, d'autant plus obstinément que la confusion des idées, des partis, paraît plus grande. Un bulletin de liberté générale va se rencontrer avec le bulletin d'hommes qui ne réclament la liberté que pour eux-mêmes. *(Très bien! très bien! à gauche. — Rumeurs à droite)*

Je repousse l'omnipotence de l'État laïque parce que j'y vois une tyrannie; d'autres la repoussent parce que ce n'est pas leur tyrannie. *(Très bien! à gauche)*

Lorsque nous examinerons la question des garanties de la liberté, je me trouverai en désaccord absolu avec eux et j'aurai la joie de me retrouver avec mes amis.

M. de Lamarzelle. — Nous avons souvent confondu nos votes ensemble dans notre jeunesse, monsieur Clemenceau.

M. Clemenceau. — Vous voyez que je n'hésite pas à les confondre de nouveau lorsque ma conscience l'ordonne. *(Très bien! à droite)*

M. l'amiral de Cuverville. — La liberté pour tous.

M. Clemenceau, *s'adressant à la gauche.* — Vous voulez, mes chers amis, enlever le pouvoir politique aux ennemis de la République : c'est quelque chose; ce n'est pas assez, parce que le pouvoir politique est éphémère et passe; je veux encore enlever le pouvoir sur les âmes et je ne puis le faire que par la liberté, parce que l'âme ne se rend pas à la contrainte. *(Très bien! à gauche)*

Si la contrainte avait pu prévaloir, l'Église serait maîtresse du monde. Je profite de la leçon.

Ma préoccupation ici, celle qui me guidera au cours de mes observations est unique; je veux préserver de toute atteinte dans la République l'idéal républicain de libération humaine; je veux montrer que la défense républicaine ne peut marcher de pair qu'avec le maintien intégral, le développement du droit républicain.

Messieurs, définissons les termes. Dans l'enseignement, comme dans toutes les autres parties de la construction politique tout dérive de deux principes primordiaux : l'autorité et la liberté. Ce sont les mêmes mots, ce sont deux conceptions absolument différentes et absolument contraires dans la monarchie et dans la République.

Dans la monarchie, l'autorité vient d'en haut; c'est une délégation du pouvoir divin; la liberté, je serais bien embarrassé de la définir; elle n'existe pas; mettons que, de temps à autre, le souverain peut avoir des accès de tolérance.

Dans la République, la liberté c'est le droit commun de chacun; et l'autorité, — et ici je me tourne du côté de mes amis, — ne peut être que la garantie de la liberté de chacun. *(Très bien! à gauche)*

Seulement, il se produit une circonstance qui modifie quelque peu la position de chacun.

Les républicains ont renversé la monarchie au nom de la liberté. Puis, maîtres de l'autorité, ils ont éprouvé quelque peine à se dessaisir d'une puissance qui n'a pu sauver la monarchie.

Et, d'autre part, des monarchistes qui n'avaient jamais accordé la liberté, ne pouvaient faire autrement que de la réclamer dans l'opposition. De là une interversion des rôles, et c'est précisément ce qui m'amène à expliquer à mes collègues comment, tout à l'heure, mon bulletin va se trouver confondu, pour un très court instant, avec ceux de la droite.

Malgré la grande tentation de ne paš se dessaisir
ou de se dessaisír dans la moindre mesure possible de
cette autorité que notre parti détenait, nous avons
cependant accordé des libertés que, jusqu'ici, ce pays
n'avait jamais connues. *(Légères rumeurs à droite)*

Ne protestez pas !

Nous avons donné la liberté de la presse telle qu'aucun
régime en France ne l'a connue; nous avons donné la
liberté de réunion telle qu'aucune forme de gouvernement en France n'aurait jamais pu vivre sous un pareil
régime; et nous sommes en train d'établir, malgré vous,
(l'orateur désigne la droite) la liberté de conscience,
en libérant ce pays du joug de l'Église catholique. *(Très
bien! très bien! à gauche)*

Quand nous avons donné ces libertés, qu'est-il arrivé?
Nous avons confondu nos bulletins avec ceux de la
droite, et cela au nom de la liberté, qu'elle nous aurait
refusée si les rôles avaient été intervertis. En toutes
circonstances, mon bulletin a répondu à l'appel de ceux
de nos collègues qui demandent la liberté.

Aujourd'hui, mon bulletin, même si je ne suis suivi
d'aucun de mes amis, se confondra de nouveau avec
ceux de la droite, pour la même grande cause de la
liberté républicaine.

Non pas que je prétende faire une faveur à mes
adversaires, mais je prétends que la République doit
donner le même droit à tous, sans distinction d'idées
ni de partis. Il n'y a pas de grâce, il n'y a pas de faveur,
de privilège dans la République : il y a le droit, et nous
devons concéder le même droit à tous! *(Très bien! sur
divers bancs)*

Messieurs, l'erreur fondamentale de ce débat, à mon

sens, c'est que les républicains sont convaincus que la loi Falloux a été une loi de liberté, et ils se disent : la liberté n'a pas été favorable aux républicains ; elle a été favorable aux ennemis de la République.

Mes chers collègues, la loi Falloux a été une loi de réaction politique et sociale, sous la direction de l'Église, ayant pour instruments toutes les corporations dépendant de l'Église.

Ce fut une loi dont la cause originelle est bien facile à découvrir. Vous savez tous que l'apparition du socialisme a rejeté brusquement toute la bourgeoisie libérale française, à un certain moment, dans les bras de l'Église pour organiser la défense sociale de ses intérêts de classe.

Si vous vouliez me permettre de vous donner brièvement lecture de quelques paroles qui ont été prononcées au cours de la discussion, vous verriez tout de suite quel fut le caractère de cette loi.

La réalité, c'est que la loi de 1850 n'a pas accordé la liberté à des hommes, comme le fait la doctrine républicaine, mais à des corporations de servitude romaine qui annihilent l'homme, qui le suppriment pour la domination.

Vous citerai-je les paroles de Barthélemy-Saint-Hilaire disant : « Ce n'est pas la liberté qu'on nous demande, ce n'est pas la liberté d'enseignement, c'est la liberté d'être les maîtres. » ·

Et Montalembert : « J'ai fait vingt ans la guerre à l'Université. » Il se vante d'avoir « voté la loi contre les instituteurs primaires », il cite M. de Broglie disant : « C'est le baccalauréat qui produit les révolutionnaires. »

Et Montalembert : « Qui défend l'ordre ? C'est le curé ; » — c'est là le fond de la question. — « Il représente l'ordre moral. »

Il ajoute : « Il faut choisir entre le socialisme et le catéchisme. » Il blâme les pères qui déclassent leurs enfants. Il a été dénoncé à Pie IX comme trahissant la cause de destruction intégrale de tout enseignement non clérical. Il s'en excuse, il s'en est tenu à ce qu'il réclame par « esprit de conciliation ». Il avait dit : « L'Église sera reine ou ne sera rien. »

Si tel était l'esprit des auteurs de la loi Falloux, tout s'explique dans cet ensemble.

On supprime les grades, c'est contraire à la liberté. On donne pour base à l'enseignement, l'ignorance ; on réduit le programme primaire après d'éloquents anathèmes à l'astronomie, coupable de désaccords avec la Bible ; on abroge l'ordonnance de Charles X qui, en 1828, interdisait l'enseignement aux congrégations non autorisées.

Je n'ai pas à vous dire qu'on livre les conseils académiques, le conseil supérieur aux prêtres et à leur clientèle. Ai-je besoin de vous apprendre que ces conseils, dans les mains du clergé, font la guerre aux instituteurs républicains, qu'on ferme les établissements indépendants de l'Église, qu'on supprime le cours de Michelet au Collège de France ? Véritablement ce sont des faits qu'il est inutile de vous rappeler, vous les connaissez. Mais ils sont très importants pour ma démonstration, car je prétends que vous ne vous trouvez pas seulement en face d'un problème scolaire, mais que vous êtes en face d'un problème politique dont le problème scolaire n'est qu'une partie à résoudre dans le même esprit que l'ensemble. *(Assentiment à gauche)*

Comment la lutte continua, après la République proclamée, nous le savons tous.

En 1875, la majorité cléricale de l'Assemblée nationale poursuivait l'œuvre de la loi Falloux par sa loi sur l'enseignement supérieur ; et, quand la République reprit l'avantage, Jules Ferry proposait aux Chambres le vote de l'article 7, qui n'était pas autre chose, — combien modeste était l'ambition des républicains ! — que l'ordonnance de Charles X, de 1828, déclarant que les congrégations non autorisées ne pourraient pas enseigner. Charles X, sous le masque de Jules Ferry, fut jugé trop libéral encore par l'honorable M. Ribot, qui combattit l'article 7.

Si je mentionne ce nom, c'est pour que, dans la confusion des idées présentes, il soit bien entendu que la doctrine de la liberté que je viens défendre, si elle n'est pas celle de M. de Lamarzelle, n'est pas davantage celle de M. Ribot.

Et, pour montrer dans quelle direction s'exerçaient tous ces efforts des deux côtés, je veux vous lire une phrase, une seule, d'un homme singulièrement qualifié pour prononcer en la matière, l'honorable M. Lucien Brun, qui occupait une position éminente dans la principale université catholique de France.

Dans son *Introduction au droit,* il posait admirablement la question qui revient éternellement devant nous : « Introduction à l'étude du droit. — La puissance spirituelle est supérieure à la puissance temporelle ; en cas de conflit entre les deux, le jugement appartient au pouvoir spirituel. »

Voilà la question de fond ; on parle de ce que l'on veut ou de ce que l'on ne veut pas enseigner dans les écoles. La question de principe entre nous est de savoir à qui appartient le pouvoir social et s'il doit se faire une division de puissance spirituelle et temporelle.

Quant à moi, j'estime, avec M. Brun, que, s'il y a une distinction à faire entre les deux puissances, il est certain que la puissance spirituelle doit l'emporter sur la puissance temporelle. Mais ce n'est pas ainsi que j'accepte la question et, ici, j'ai le regret de me trouver l'antagoniste très résolu et déterminé de mon honorable collègue et ami M. Lintilhac.

M. Lintilhac nous propose de transférer la puissance spirituelle du pape à l'État, du pape infaillible, immuable, à l'État faillible et changeant. C'est un catholicisme civil, laïque, avec un clergé universitaire. *(Rires)*

M. Lintilhac. — J'ai dit qu'il fallait profiter de l'expérience sociale.

M. Clemenceau. — Messieurs, c'est Aristote qui le veut ainsi. *(Hilarité générale)*

M. Lintilhac. — C'est l'État républicain !

M. Clemenceau. — Vous nous avez apporté ici une phrase, qui doit être lue de nouveau à la tribune comme le fondement de votre opinion ; c'est la phrase suivante d'Aristote :

« L'éducation doit être unique et identique pour tous. Il faut bien se garder de croire qu'un citoyen s'appartienne à soi-même, tous appartiennent à l'État. » *(Rires)*

M. le comte de Goulaine. — C'est admirable !

M. Clemenceau. — Messieurs, vous savez que cette citation nous a été apportée sous forme de rébus et qu'on nous a invités à en deviner l'auteur. Au moment où M. Lintilhac a dénoncé Aristote, j'allais dire : « Ignace de Loyola ». *(Nouvelle hilarité)*

Car vous avez bien retrouvé là le *perinde ac cadaver ;* c'est bien la doctrine de l'absorption totale, sans réserve et complète, de l'individu dans la corporation. C'est l'idéal de la congrégation que vous reprenez à votre compte.

Il y a un personnage légendaire que je me reprocherais de nommer à cette tribune, qui, pour éviter la pluie, se jette dans la rivière. *(Rires)* Pour éviter la congrégation, nous faisons de la France une immense congrégation. *(Très bien ! très bien !)*

M. de Lamarzelle. — Et une congrégation obligatoire.

M. Clemenceau. — C'est le mot d'ordre de la République prochaine.

Messieurs, vous avez bien remarqué cette phrase : « Tous les hommes appartiennent à l'État. »

On avait commencé par nous dire : « Les enfants sont la propriété de l'État. » La pente est dangereuse. Il y a trois ordres d'enseignement. Les libéraux du monopole ne demandaient le monopole que pour l'enseignement primaire ; et puis, quand il s'est agi de savoir où commencerait la liberté de l'homme et où finirait l'annihilation de l'enfant, les hommes de logique ont demandé qu'on leur concédât encore l'enseignement secondaire. Enfin, M. Lintilhac, logique jusqu'au bout, exige le monopole de l'enseignement supérieur, c'est-à-dire que vous enverrez à l'armée, à l'ennemi, des hommes de vingt ans qui, lorsqu'ils auront quitté les drapeaux, reviendront pour achever leur éducation. Et M. Lintilhac, à cette heure-là même, lorsqu'ils auront couru le risque de mourir pour la patrie, ne leur concédera pas encore la liberté de savoir. *(Très bien ! très bien !)*

Eh bien ! messieurs, je ne puis pas être de cette doctrine où l'abstraction État devient le Moloch insatiable en qui toute vertu, on nous l'a dit expressément, est de s'abîmer pour jamais. C'est un saut de deux mille ans en arrière.

Nous avons fait la Révolution française. Nos pères ont cru que c'était pour s'affranchir ; pas du tout, c'était pour changer de maître.

Ah ! c'est la tendance universelle de ceux qui trouvent plus facile de détruire l'idole que de supprimer en eux l'esprit de superstition. *(Très bien ! très bien ! sur un grand nombre de bancs)*

Quand Brutus a tué César, une voix sort de la foule : « Il faut faire Brutus César ! »

Oui ! nous avons guillotiné le roi, vive l'État-roi ! Nous avons détrôné le pape, vive l'État-pape ! Nous chassons Dieu, comme disent ces messieurs de la droite, vive l'État-Dieu !

Messieurs, je ne suis pas de cette monarchie, je ne suis pas de ce pontificat. *(Très bien ! très bien !)*

L'État, je le connais : il a une longue histoire, toute de meurtre et de sang. Tous les crimes qui se sont accomplis dans le monde, les massacres, les guerres, les manquements à la foi jurée, les bûchers, les supplices, les tortures, tout a été justifié par l'intérêt de l'État, par la raison d'État. *(Assentiment sur divers bancs)*

L'État a une longue histoire ; elle est toute de sang.

Je ne dirai pas, par principe républicain, qu'il y a eu de bons rois, — cela ferait trop plaisir à ces messieurs de la droite, *(Rires)* — mais cependant je dirai qu'il y a eu des rois bons.

M. Victor Leydet. — L'exception confirme la règle.

M. Clemenceau. — Il y a eu des papes religieux ; *(Nouveaux rires)* il se peut qu'il y en ait eu qui se soient essayés à la tolérance. L'État est de sa nature implacable, il n'a pas d'âme, il n'a pas d'entrailles, il est sourd au cri de la pitié ; on n'émeut pas l'État, on ne peut pas l'apitoyer.

Parce que je suis l'ennemi du roi, de l'empereur et du pape, je suis l'ennemi de l'État omnipotent, souverain maître de l'humanité.

En vérité, croyez-vous que j'aie quitté la monarchie, que j'aie renoncé à cette antique providence qui tient les clefs de l'enfer et du paradis, à l'évangile de douceur et de charité qui fut proclamé sur la montagne, pour adorer le monstre État tout dégouttant de sang humain, qui est responsable de toutes les abominations dont a gémi et dont gémit encore l'humanité ?

Non, je ne le peux pas.

Hier ne nous disait-on pas que l'État était supérieur à la justice ? Je ne suis pas le sujet de cet État ; et si vous regardez les chrétiens, les catholiques, quelle leçon pour vous !

Vous êtes-vous jamais demandé pourquoi et comment les chrétiens, qui furent une liberté dans le cirque, en étaient arrivés à traduire le précepte : « Aimez-vous les uns les autres » par des supplices, par des massacres, par des bûchers ?

La question est intéressante, messieurs, parce qu'elle est pleine d'enseignements pour vous à cette heure.

Eh bien, je vais vous le dire. C'est qu'ils ont été victimes de la même illusion que vous : ils ont voulu être l'État. *(Très bien! très bien!)* Le christianisme était une chose admirable, un des plus beaux élans qu'on ait vus dans le monde, jusqu'au jour où les chrétiens ont cru trouver dans l'État une force pour leur propagande. Ce jour-là le christianisme a sombré, il n'a plus été qu'une corporation de domination par le fer et le feu : il a été la pire tyrannie que le monde ait connue, et aujourd'hui, bien que murmurant encore les paroles qui leur viennent de la tradition, les catholiques n'aspirent à rien qu'à reconquérir le pouvoir politique pour refuser les libertés qu'ils nous demandent aujourd'hui, c'est-à-dire pour continuer contre vous l'oppression d'autrefois. *(Protestations à droite.—Applaudissements à l'extrême gauche et sur plusieurs bancs à gauche)*

Eh bien, M. Lintilhac n'a pas vu cela. *(Hilarité générale et applaudissements)*

M. Lintilhac. — Il ne faut pas me faire dire ce que je n'ai pas dit.

Pourquoi accabler l'État idéal démocratique de demain avec les crimes de l'État d'hier dont j'ai horreur autant que vous? C'est une solidarité que je repousse et que je n'ai jamais établie.

M. Clemenceau.—On peut toujours repousser toute solidarité avec le passé, mais je vous assure, mon cher collègue, qu'il ne dépend nullement de vous, de moi ni de personne ici, de dire ce que sera l'État de demain. *(Très bien!)*

M. Lintilhac. — Ce sera notre vertu de le faire bon. *(Bruit)*

M. Clemenceau. — Mais cela ne dépendra pas toujours de vous. Vous n'en aurez pas le pouvoir, et que pèsent les intentions? Ceci n'est d'ailleurs pas un dialogue, et je vous prie de me laisser continuer. Vous connaissez mes sentiments pour votre personne, mais je ne puis admettre votre thèse et j'ai bien le droit, je pense, de la contredire; vous n'avez pas encore le monopole de la leçon....*(Vifs applaudissements)*

M. Lintilhac. — Cependant, je ne peux pas me laisser prêter comme opinion ce que je n'ai pas dit.

M. Clemenceau. — Je n'ai cité aucune parole de vous. Je montre l'aboutissant de votre thèse.

Dans tous les cas, laissez-moi parler; vous me répondrez, si vous voulez, quand j'aurai fini.

J'ai dit que la charité de l'évangile s'était traduite en violences sanglantes et j'ajoute qu'il en fut ainsi d'abord de notre belle devise révolutionnaire. Notre œuvre est aujourd'hui d'en faire la réalisation pacifique. Prenons garde qu'en cherchant cette réalisation dans l'omnipotence de l'État, nous n'aboutissions aux violences qu'a toujours produites cette omnipotence. C'est ce que M. Lintilhac n'a pas compris, à mon très grand regret.

Messieurs, il y a, dans une vieille chanson de mon pays, un paysan qui revient de Paris et qui raconte ses impressions. Il n'a pas pu voir la ville, les maisons l'en ont empêché. *(Rires)*

Eh bien, il est arrivé à mon honorable collègue le phénomène inverse. *(Nouveaux rires)* L'État l'a empêché de voir les citoyens, la forêt l'a empêché de voir les arbres et, de fait, l'homme fut ignoré de toute l'antiquité, qui l'absorba dans la cité. Il fallut la Révolution française pour le découvrir et lui donner ses droits. C'est même ce qui nous oblige aujourd'hui à savoir que dans l'État il n'y a qu'une réalité, vivante, concrète, avec laquelle vous soyez tenu de procéder : l'homme, que nous voulons libre et juste. *(Très bien! très bien!)*

L'État que vous invoquez, je l'invoque avec vous, mais comme garantie suprême du développement humain par la justice et par le droit.

J'entends bien : vous rêvez l'État idéal. Ainsi Platon, ainsi Aristote, ainsi Thomas Morus, ainsi d'autres rêveurs. Vous rêvez l'État idéal ! Cet État, dans les livres, vous le faites aussi beau qu'il peut vous plaire ; mais nous sommes ici des hommes faibles, changeants, aux prises avec la réalité.

Croyez-vous que je n'aie jamais changé dans ma vie? Ce serait le plus grand mal que je pusse dire de moi-même. *(Très bien ! à gauche)*

Et vous cherchez un dogme! L'Église possède son dogme ; elle sait très bien pourquoi il lui faut le monopole de l'enseignement. M. Lucien Brun vous l'a dit tout à l'heure. Elle a son dogme à elle, il est écrit, il lui est venu du ciel ; elle veut le propager parmi nous, l'imposer aux hommes récalcitrants! Mais nous, où est notre dogme? Que suis-je en mesure d'imposer comme vérité absolue à qui que ce soit ici? Je suis très fort si je puis convaincre, mais je suis déplorablement faible si je veux imposer, puisque je ne dispose pas des foudres de la providence.

Où est votre dogme? Vous ne pouvez pas me répondre, parce que vous n'en avez pas, parce que vous ne pouvez pas en avoir! Enfin, dans cet enseignement, il faudra bien que le professeur en chaire dise quelque chose. Il faudra bien qu'il prenne parti. Il faudra bien qu'il dise s'il approuve ou s'il blâme. Quand il arrivera à l'histoire de Tibère et quand il lui faudra raconter certain drame de Judée, quelle opinion aura-t-il? Que dira-t-il? Est-ce que Jésus-Christ sera Dieu ou homme seulement?

Et quand on en viendra à ce grand phénomène du christianisme, qui encombre l'histoire, qui a été et est encore aujourd'hui au premier plan des pensées et des actes de la civilisation, comment le qualifiera-t-il? Quelle opinion en donnera-t-il à ses élèves?

M. Crémieux. — Mon cher collègue, avec ce système-là, vous allez jusqu'à nier le contrôle de l'État.

M. Clemenceau. — Mon cher collègue, je ne nie pas du tout le contrôle de l'État. Je montre que le monopole, dont vous êtes un partisan résolu, conduit à l'obligation d'avoir un dogme; et ce dogme, je vous défie de le formuler.

Vous ne le formulerez pas; c'est impossible. Et pour ne pas me borner à une assertion, je prends un ou deux grands phénomènes historiques, et je vous montre l'impossibilité où vous êtes de prendre parti dans cet enseignement dont vous réclamez le monopole.

Que direz-vous, je vous le demande, du catholicisme? Comment le jugerez-vous? Quelle sera la formule qu'il faudra admettre pour être un bon élève, et être reçu aux examens avec des boules blanches dans un de ces collèges dont vous aurez le monopole?

Et quand la Réforme arrivera, quand Luther se lèvera, comment jugerez-vous, après tous les hérésiarques qui sont morts sur le bûcher, l'hérésiarque réformateur qui les continue et leur donne une victoire?

Vous ne pouvez pas ne pas en parler. Il faudra bien avoir une doctrine là-dessus, dire s'ils ont eu tort ou raison, si l'Église a bien fait de brûler Jean Huss ou si vous l'en blâmez.

Oui, quand vous aurez à parler de cette grande époque de la Réforme, comment ferez-vous? Quel concile, — pardonnez-moi le mot, — quel concile de pions sera chargé de donner la formule infaillible d'un jour? *(Rires approbatifs sur un grand nombre de bancs)*

M. Charles Riou. — Ce sera le conseil des ministres.

M. Clemenceau. — Et quel moyen avez-vous de l'imposer? Ah! avant la Révolution française, la partie était belle pour les dominateurs; on avait la seule puissance qu'il y eût dans le monde; mais cette puissance, nos pères l'ont prise, l'ont broyée, l'ont réduite en poussière et l'ont jetée en liberté sur l'humanité tout entière! Et c'est maintenant que vous cherchez à en rassembler quelques fragments épars pour en faire un minuscule bloc d'autorité contre lequel donneront d'ensemble toutes les libertés que vous avez réalisées.

Folie ! *(Murmures à l'extrême gauche)*

Il n'y a pas de plus grande erreur, il n'y a pas de plus grande faute.

Oui, vous protestez, vous dites : ce n'est pas ce que nous voulons faire ! Qu'est-ce que le monopole, sinon cela, puisque vous avez certaines choses à enseigner, que vous voulez enseigner et que vous ne permettez pas d'en enseigner d'autres ? Vos intentions sont bonnes : je vous montre où vos actes conduiraient. L'entreprise de contrainte est un terrible engrenage. Vous ne sauriez dire vous-mêmes où vous pourrez vous arrêter, et vous vous lancez dans cette aventure sans issue quand vous n'avez même pas pu appliquer votre très modeste loi d'obligation ! Vous avez fait l'instruction obligatoire et vous n'avez pas pu l'appliquer.

Tous les ans on constate qu'un nombre très grand des conscrits qui arrivent sous les drapeaux ne savent même pas lire !

Un sénateur. — C'est vrai !

M. Clemenceau. — L'autre jour, j'entendais un de mes bons amis de ce côté-ci de l'Assemblée *(l'orateur désigne la gauche)* dire : Nous ne sommes pas bien révolutionnaires, nous ne demandons que le retour à la loi de 1808 ! *(Sourires)*

Oh non ! vous n'êtes pas bien révolutionnaires ! Je vous trouve même assez réactionnaires ! *(Rires)*

La loi de 1808, c'est la loi de Napoléon ; c'est la loi du temps où Napoléon prononçait la parole qu'a si

opportunément rappelée M. Béraud : « Il n'y a rien que
je ne puisse faire avec mes gendarmes et mes prêtres ! »

Remplacez le mot « prêtres » par le mot « instituteurs »
(*Mouvements divers*) et vous aurez l'idée de derrière la
tête des partisans du monopole.

Messieurs, si vous pouviez réussir, vous mettriez aux
mains du suffrage universel, aux mains des majorités
changeantes qui se succèdent dans les Assemblées,
l'instrument de réaction le plus formidable qui ait
encore été vu dans le monde, car la responsabilité en
serait insaisissable, dispersée dans la foule anonyme.

Nous savons tous que le suffrage universel, instrument
d'émancipation, n'a pas eu des débuts qu'on puisse qua-
lifier de libérateurs. Qu'en serait-il d'un instrument qui
ne peut servir qu'à une réaction effrénée aux mains
d'une foule irresponsable !

C'est que tout se tient dans le monde. Il ne suffit pas
d'employer le mot bloc, il faut le comprendre.

Napoléon avait une certaine suite dans les idées, quoi
qu'on en dise. *(Hilarité générale)* Lui partout ; la liberté
nulle part. Où était la liberté de la presse dans ce
temps-là ? Où était la liberté de réunion ? Où était la
liberté de conscience ?

L'Église avait été achetée par le Concordat, par la
reconnaissance des frères de la doctrine chrétienne ;
c'était contre l'idéologie, contre les républicains que se
faisait le monopole.

Et la roue a tourné et vous voilà maîtres du pouvoir.

Il y a trente ans que vous êtes les maîtres, et, sous le
régime de cette loi mauvaise, vos majorités ont toujours été en croissant ; un monarchiste, l'autre jour,
vous disait : « Nous sommes trente dans cette Assem-

blée. » Vous l'avez donnée, cette liberté de la presse, dont Napoléon a eu peur, et vous êtes en train de donner, — vous la donnerez bientôt, j'en ai l'espérance, — la liberté de conscience.

Et vous voulez, dans cet édifice de libertés que vous êtes en train de construire, introduire tout à coup la partie d'autorité la plus violente, la plus arbitraire, la plus choquante pour toutes les consciences et pour tous les temps ! (Vive approbation sur divers bancs) Cela n'est pas possible. Vous pouvez le faire, on peut tout faire, surtout on peut toujours commettre une erreur : le peuple est faillible aussi : nous n'avons pas remplacé le pape par le peuple, et nous sommes tous faillibles.

Mais, lorsque nous nous sommes orientés vers la libération des hommes, des intelligences, nous n'avons pas le droit tout à coup de reculer épouvantés devant notre œuvre, et d'en appeler, comme des enfants qui ont peur, à une autorité protectrice dont nous serions les premières victimes. (Très bien ! très bien !)

Non : nous avons fait confiance à la liberté, et nous devons continuer à lui faire confiance.

J'entends bien que ma parole n'a pas ici toute l'autorité qu'il faudrait pour faire réfléchir quelques-uns de mes meilleurs amis. Cependant, dans la discussion même de cette loi Falloux, la bonne parole a été dite particulièrement par un homme que vous honorez tous, parole que je veux vous rappeler, parce qu'elle est de nature à vous faire hésiter tout au moins. Edgar Quinet combattant la loi Falloux, disait : « On ne force pas le principe d'une société : lorsque la législation d'un peuple est coulée dans un esprit, on ne peut pas impunément mettre une loi particulière en contradiction avec les

Georges Clemenceau

autres ; ce serait arracher la pierre de fondation de la société pour s'en faire une arme d'occasion. »

Voilà la meilleure définition que l'on puisse donner du monopole et de la loi Thézard ; c'est une pierre que vous arrachez de la fondation républicaine pour vous en faire une arme d'occasion, sans calculer le dommage fait à l'édifice de la liberté ! La vérité, c'est que l'Église est un bloc d'autorité divine, que la monarchie est un amalgame d'autorité divine et d'autorité humaine, et que l'esprit humain, toujours croissant, a élargi la fissure entre ce qui est divin et ce qui est humain. Et pour vous, — que vous le vouliez ou non, — même si vous deviez, à l'unanimité, renier votre principe ce soir, vous êtes un bloc de puissances libératrices qui devez un jour déterminer la justice par le développement de l'individu, sous la garantie de l'État ; sinon vous n'êtes rien que des esclaves révoltés qui voulez déplacer la tyrannie au lieu de l'éliminer. *(Très bien ! très bien ! sur divers bancs)*

Le progrès ne peut pas résider dans une abstraction. Vous ne le trouverez tangible que dans l'individu : c'est l'homme qui est la mesure des progrès accomplis.

Le progrès est dans l'accroissement de son action libérée à mesure que la discipline qu'il peut s'imposer à lui-même lui permet d'en faire un usage plus équitable et plus utile pour ses concitoyens.

Autrement vous n'auriez fait que changer de maîtres : passer du joug de la personnalité royale au joug de l'impersonnalité de la foule et des majorités ; joug de pontificat, joug de roi, joug de majorité, joug toujours !

Si nous voulons nous délivrer nous-mêmes, il faut délivrer tout le monde.

24

C'est ainsi que l'avaient compris nos pères. J'ai cherché, moi aussi, quels pouvaient être les ancêtres de M. Lintilhac. *(Hilarité)*

M. Dominique Delahaye. — C'est Aristote !

M. Clemenceau. — Je n'en ai pas trouvé en dehors d'Aristote, ce qui n'est pas un titre suffisant pour des républicains.

La Révolution s'est prononcée sur là question de la liberté de l'enseignement. Elle a dit, à deux reprises : « L'enseignement est libre. »

M. Delpech. — Il n'y avait plus de congrégations !

M. Clemenceau. — Si vous voulez me laisser parler, vous verrez tout à l'heure ce que j'entends faire des congrégations.

Elle a dit : l'enseignement est libre. Et lorsque mon ami Leydet, tout à l'heure, objectait : « Il y avait le certificat de civisme », la réponse est, en vérité, trop facile.

La Révolution avait dit aussi, avait écrit sur les murailles : « Liberté, égalité, fraternité », et elle lui avait donné, par un reste d'éducation autoritaire catholique, le commentaire de la guillotine.

Il n'en est pas moins vrai que la Révolution française est le plus grand mouvement d'émancipation qui se soit produit dans le monde.

Ne regardez pas aux actes ; c'est une mêlée, c'est une bataille ; regardez aux idées qui ont universellement germé depuis lors et vous verrez que, sur la question d'enseignement comme sur le reste, la doctrine de liberté a été formulée d'une façon éclatante : « L'enseignement est libre. »

Je ne parle pas de la Constitution de 1830 et de la Constitution de 1848 qui l'a suivie. Toutes deux ont fait appel à la liberté d'enseignement, mais lorsque M. Béraud vous a cité les noms des hommes qui avaient combattu la loi Falloux, qui étaient tous de nos amis, les républicains Pascal Duprat, Crémieux, quand il nous a dit : Ces hommes se sont prononcés contre la loi Falloux, il a oublié de nous dire que tous, sans une seule exception, se sont prononcés pour la liberté d'enseignement, — je ne veux pas encombrer mon discours de citations ; je les ai là, il est inutile d'apporter la preuve puisque le fait ne peut pas être contesté, — tous ont été unanimes ; on n'a pas trouvé un seul républicain partisan du monopole, tous ont parlé en faveur de la liberté, jusqu'à ce « bon Ledru-Rollin », comme on dit, dont l'opinion ne me paraît point négligeable.

Je sais que la question a pris un aspect différent, d'après la forme que lui a donnée une fraction nouvelle du parti républicain : le parti socialiste, dont je ne parlerai qu'avec respect, parce que sa cause est grande, parce que ses revendications de justice sont nobles et qu'aucun homme ne peut s'en désintéresser. Je distinguerai la critique socialiste de la construction socialiste. La critique socialiste est nécessaire dans la République ; elle dénonce des iniquités intolérables que tous les républicains doivent réprouver.

Pour ce qui est de la construction d'avenir, lointain encore, sans doute, puisque le groupe socialiste, nombreux dans les Chambres, ne nous a pas encore présenté un projet de loi constituant, par exemple, la propriété sur de nouvelles bases ; pour ce qui est de cette construction, dis-je, je ne puis guère la considérer, jusqu'à nouvel ordre, que comme une prophétie intéressante, qui peut suggérer des réflexions utiles, qui peut nous mettre sur la voie de réformes heureuses, mais que je dois écarter, pour le moment, de cette discussion.

Messieurs, le parti socialiste est aussi un parti étatiste ; il ne dit pas « l'État », il dit « la collectivité », mais c'est toujours la même religion.

Le parti socialiste invoque le secours de l'État pour déterminer une plus grande somme de justice. En cela, dans un très grand nombre de cas, dans la plupart de ceux qui ont été évoqués jusqu'ici, je suis avec lui et je lui apporte le concours de ma parole et de mon vote ; mais lorsqu'il s'élance dans l'avenir, lorsqu'il entend dès à présent formuler des lois générales auxquelles il nous propose de souscrire, je demande à réfléchir.

Un très grand orateur, qui est l'honneur de la tribune française, M. Jean Jaurès, s'est déclaré le partisan résolu du monopole. J'ai cherché à savoir comment cette conviction s'était formée dans son esprit ; et ma curiosité était d'autant plus grande que le chef de la doctrine collectiviste, Karl Marx, s'est prononcé de la façon la plus nette pour la liberté de l'enseignement ; il a écrit : « Une chose tout à fait à rejeter, c'est une éducation du peuple par l'État. » On ne peut pas être plus net.

M. Jaurès a exprimé à cet égard des opinions successives que je vous demande... (*Mouvements et rires à droite*)

Oh ! je dis cela sans aucune ironie. Ce serait un

grand malheur si chacun de nous prétendait être en possession d'une opinion révélée. Pour ma part, j'ai eu un très grand nombre d'opinions successives et je suis de ceux qui ne le cachent point ; je trouve même là un argument contre le monopole d'État dans l'ordre de la pensée. *(Très bien ! très bien ! sur divers bancs)*

Dans la *Revue bleue,* en 1897, dans un article sur la crise de l'enseignement, M. Jaurès écrit :

« Il n'y a donc pas, il ne peut pas y avoir une solution particulière du problème de l'enseignement. Seule une crise sociale profonde le résoudra contre l'Église et pour la liberté. Quand il n'y aura plus d'intérêts de classe contraires aux intérêts de la science et aussi de la libre vérité, alors, mais alors seulement, la nation enseignante redeviendra maîtresse de l'éducation. »

C'est M. Jaurès qui a écrit cela le 13 mars 1897.

Vous le voyez, le monopole de l'État est ajourné à des temps qu'aucun de nous, si jeune qu'il puisse être, n'est destiné à voir.

Second point de vue. M. Jaurès dépose devant la commission présidée par M. Ribot :

« Il me paraît impossible de maintenir, avec l'état de division des esprits, des intérêts et des consciences, cette liberté de l'enseignement, sans aboutir ou à une guerre civile, sous la forme rétrograde, à une guerre religieuse, ou à une mainmise funeste de l'Église sur la nation. J'estime également impraticable en fait, avec le point d'appui insuffisant dont dispose aujourd'hui l'idée laïque, avec la contradiction qui existe entre l'idée de l'État enseignant et l'idée de la famille possédant, d'établir le monopole de l'enseignement ; parce que l'État ne peut se charger de l'éducation de tous qu'à la condition de se charger, dans une certaine mesure, de la vie de tous, et je ne vois pas l'État seul enseignant s'il n'est pas seul possédant. »

Enfin, dans un article de *la Petite République* d'il y a quelques jours, — 13 octobre 1903 :

« Peut-être les radicaux, qui demandent aujourd'hui, avec nous, le collectivisme de l'enseignement, seront-ils embarrassés un jour pour combattre le collectivisme de la production. »

Une terrible question vous est posée là. Quelle réponse allez-vous faire ? La conception de M. Jaurès est parfaitement logique. Que répondrez-vous lorsqu'il vous dira : « Vous avez livré l'esprit, comment refuseriez-vous le corps ? »

Pour ma part, je ne veux pas livrer l'esprit. Ce serait le recommencement de l'Église, ce serait un apprentissage de liberté à refaire contre un pape à mille têtes, insaisissable, indétrônable ; ce serait le plus grand danger que la République pût courir.

Messieurs, il y a une objection à laquelle on n'a jamais répondu et qui a cependant bien sa valeur : elle vient de cette majorité changeante que vous appelez l'État. L'État avait un sens déterminé au temps d'Aristote ; cela voulait dire le roi, qui ne change pas, qui se continue dans sa dynastie, qui reste quelque chose d'immuable.

Qu'est-ce que l'État avec le peuple, avec la volonté du peuple, qui change suivant l'impression du moment ?

Le monopole que vous demandez à créer, il existe dans un État qui n'est pas très loin de nous. Vous pouvez prendre l'Orient-Express pour aller à Vienne et, dans vingt-deux heures, vous aurez le plaisir de le voir fonctionner.

Ce monopole a une histoire qui n'est pas sans intérêt.

En 1848, emporté par le grand mouvement de réaction générale, l'empereur d'Autriche conclut avec le pape un concordat qui lui livra le monopole de l'enseignement primaire. Ce que fut ce monopole, je n'ai pas besoin de le décrire ; vous pouvez le deviner.

En 1870, la période libérale s'accentuant, l'empereur François-Joseph dénonce le concordat et fait le monopole de l'État. Il le fait sur la base où vous pourriez le faire vous-mêmes. Il s'agit de « donner à la jeunesse une éducation religieuse et morale ». C'est à peu près la formule de notre spiritualisme universitaire ; et si vous faites le monopole aujourd'hui, c'est la formule que vous serez vous-mêmes obligés de subir.

Ce monopole, les cléricaux le combattirent, comme ils le combattent ici aujourd'hui. Ils ne voulaient pas du monopole de l'État, ils voulaient du monopole du pape. Ils le combattirent avec une très grande énergie. Mais, à ce moment, c'était le libéralisme d'État qui sévissait et le monopole fut voté. Le chef des libéraux, Herbst, disait : « Nous n'avons fait que peu de choses avec les lois interconfessionnelles. Le progrès consiste en ce que nous avons fait ce peu sans le concours de Rome. »

Voilà le monopole des trois ordres de l'enseignement établi. Les cléricaux l'ont combattu ; ils sont la minorité. Et qu'arrive-t-il ?

Il arrive que les cléricaux deviennent la majorité et qu'ils se servent du monopole d'État contre les libéraux. Il arrive qu'ils chassent les instituteurs libéraux. Il arrive qu'ils persécutent toute l'Université libérale. Et finalement le chef des antisémites cléricaux, le docteur Lueger, s'écrie : « Mais nous nous arrangeons très bien de cette loi. » *(Rires)*

L'école non confessionnelle est redevenue l'école confessionnelle, et ce sont les libéraux qui ont fait le monopole de l'Église.

Ne voyez-vous pas qu'il y a là un danger auquel il faut prendre garde. Vous savez très bien que votre majorité n'est pas éternelle, qu'elle est dans la dépendance des consultations populaires, qui modifieront la classification des partis dans des proportions qu'il nous est impossible aujourd'hui de déterminer.

Ce monopole, que sera-t-il ? Personne ne peut le dire ; personne ne peut le savoir. Quel usage en fera-t-on ? M. Lintilhac disait très justement à un de nos collègues : « Si les républicains étaient en minorité, nous aurions autre chose à pleurer que le monopole ! »

Mais je ne veux pas pleurer ! *(Sourires)* Je ne veux pas être vaincu ! Je veux me placer sur un terrain où je sois inexpugnable, — et vous n'en trouverez pas d'autre que le droit de l'individu, parce que c'est une réalité tangible, parce que le problème des républiques est d'accroître cette réalité, de la faire toujours plus forte, toujours plus puissante, de faire l'homme toujours plus libre, toujours plus grand ! *(Très bien !)*

Et votre clergé universitaire, qu'est-il ? qui le connaît ?

Vous avez une loi, — je parle du système de l'autorisation recommandé par M. Thézard, — pour interdire aux cléricaux d'avoir des écoles privées. Ils n'auront pas d'écoles libres, mais ils peuvent entrer dans l'Université ; elle leur est toute grande ouverte : vous avez fermé la petite porte, vous avez ouvert la grande !

M. de Lamarzelle. — Certainement !

M. Clemenceau. — M. Gourju l'a fort bien indiqué : vous exigez un billet de non confession pour fonder une école libre, et vous n'exigez rien de pareil pour entrer dans l'Université.

Votre Université est déjà assez cléricale; c'est, je crois, M. Béraud, qui parlait du pont d'or que beaucoup de professeurs ne demandaient qu'à franchir pour passer à l'enseignement congréganiste. Permettez-moi de vous dire que ce pont d'or ne sera pas suffisant. Je crois qu'il faudra établir plusieurs ponts, si pour repousser les cléricaux de l'école libre, vous les concentrez, vous les attirez dans votre Université !

Et puis, enfin, il y a un argument plus grave que tous les autres; votre école neutre, elle sera nécessairement empêtrée dans les conceptions bibliques, elle n'empêchera pas, elle ne pourra pas empêcher les questions de se poser dans la tête des enfants : Qui sommes-nous? Qu'est-ce que la terre, ce ciel, ces nuages, ces étoiles? D'où cela vient-il? D'où cela procède-t-il? Où cela nous emmène-t-il?

Il y a un vieux livre qui a résolu toutes ces questions, c'est la Bible.

Un sénateur à gauche. — Ce n'est pas très scientifique !

M. Clemenceau. — Je le crois bien. Il ne les a pas résolues dans le même sens que la science moderne.

Que ferez-vous? Ou vous prendrez parti contre ces conceptions, ou bien vous n'oserez répondre à aucune des questions qui assiègent le jeune esprit.

Et si vous faites la table rase dans l'intelligence de l'enfant, à quoi aboutirez-vous sinon à le préparer pour les leçons de l'Église? Car vous n'aurez pas fermé toutes les écoles, vous aurez laissé ouverte la plus redoutable, celle qui répond bien ou mal à toutes les questions, qui a la solution de tous les problèmes. Tous ces problèmes que vous n'aurez pas osé aborder, on ira en chercher la solution de l'autre côté de la rue. Il se trouvera que vous aurez travaillé contre vous-mêmes.

Oh! je sais bien, il y a des initiatives de liberté qui pourraient proposer aux enfants, aux lieu et place des anciennes conceptions légendaires, les conceptions de la science moderne, il y aurait des écoles de raison et ces écoles de raison, c'est vous, hommes de raison, qui allez les fermer! Se peut-il une aberration plus grande?

Vous avez peur du catholicisme qui expire sous les coups de la raison... *(Protestations à droite)*

M. de Lamarzelle. — Pas encore!

M. Clemenceau. — Et vous fermez les écoles de la raison!

Au moins l'ours de la fable tua la mouche avec l'homme! *(Sourires)* Vous, vous tuez le progrès de l'esprit humain dans l'enseignement, vous tuez l'homme, et non seulement vous laissez vivre la congrégation, mais vous lui donnez une force incommensurable, vous lui mettez en main un instrument nouveau d'autorité pour lui permettre de s'imposer!

Et ce n'est pas tout. Quand l'État est roi, la logique populaire se dit qu'il faut un homme pour l'incarner ; et à quelle heure se fera le raisonnement ? A l'heure où vous aurez soulevé toutes les résistances par votre loi de monopole contre laquelle se révoltent les consciences individuelles. *(Très bien! très bien! sur divers bancs)* Est-ce une théorie que je fais ? N'avons-nous pas vu, de nos jours, en France, ce mouvement si intéressant, si passionnant, des universités populaires ? Et voilà ce que le monopole, comme première conquête de la liberté, va détruire! Il y a, je crois, une université socialiste en Belgique : vous la fermeriez si, demain, la Belgique faisait partie de la France! Il y a des écoles sans Dieu, en Hollande : elles seraient fermées de vos mains, c'est-à-dire que vous iriez directement contre le but que vous vous proposez d'atteindre.

Et pourquoi? quelle raison nous en a-t-on donnée ici?

On repousse la liberté de l'enseignement, avec l'inspection si chère à notre collègue Fernand Crémieux, on ne veut pas de la liberté réglementée, contrôlée par l'inspection, parce que l'inspection est un leurre. Quand l'inspecteur se présente, un sourire du professeur indique à l'enfant qu'il ne faut pas tenir compte de ce qu'il dit. C'est pour éviter ce sourire que vous vous mettez en révolte contre tous vos principes, contre toutes vos idées, que vous démolissez de vos mains l'édifice de la liberté que vos pères avaient construit au prix de tant de sacrifices!

Et maintenant, il faut, après avoir fait la critique

d'autrui, que je subisse à mon tour la critique d'autrui.

Je suis pour la liberté. Ah! si la République était seulement vaincue, de quels applaudissements vous couvririez mes paroles, mes chers amis, mais nous sommes vainqueurs, nous sommes détenteurs de l'autorité, et la liberté a contre elle l'état d'esprit que nous ont fait la décadence hellénique, — que je ferais bien remonter, pour ma part, au temps d'Aristote, *(Sourires)* — et la Rome païenne, abominable dans son autorité violente, et la Rome catholique, qui n'a fait qu'hériter de l'ambition, de la volonté de domination à tout prix de la Rome païenne.

M. Dominique Delahaye. — C'est contraire à toute la vérité historique, cela!

M. Clemenceau. — Voilà bien, mon cher collègue, ce qui prouve qu'il nous faut la liberté dans l'enseignement. *(Rires approbatifs sur divers bancs)*

Vous ne détenez pas l'histoire, moi non plus; quand vous serez à la tribune, vous direz votre vérité historique; je dis la mienne comme je peux, fort mal, sans doute...

M. Dominique Delahaye. — Vous la dites très bien.

M. Clemenceau. — Mais veuillez reconnaître que je fais un très grand effort, puisque j'ai le courage de me séparer d'un certain nombre de mes amis pour chercher, comme doit le faire un vrai républicain, la justice et la liberté en dehors de tout esprit de parti.

M. Dominique Delahaye. — C'est admirable!

M. Clemenceau. — Pour moi, c'est une opinion très ancienne, à laquelle j'ai beaucoup réfléchi : je discerne toujours le vieil esprit romain dans l'Église romaine. L'Église s'est emparée non seulement de la capitale elle-même, mais des idées qui hantaient ses vieilles murailles. Elle les a faites siennes; s'il fallait développer ici cette pensée, — ce n'est pas le lieu, — je me ferais fort de vous démontrer que le véritable héritier des conceptions de la conquête romaine n'est autre que l'évêque de Rome, qui s'est fait César et a repris le rêve de la domination universelle.

Messieurs, nous sommes des hommes d'esprit latin. La poursuite de l'unité par le dieu, par le roi, par l'État nous hante : nous n'acceptons pas la diversité dans la liberté.

Au fond, la Révolution française a été d'abord un grand changement de terminologie avant que sonnât l'heure des réalités. Ce qui subsiste, ce sont deux systèmes de gouvernement dans l'ordre de la pensée : la coercition, qui diminue l'homme, la liberté, qui l'augmente. *(Très bien! très bien!)*

J'estime qu'aujourd'hui, au point où nous sommes arrivés, il ne suffit pas de maintenir le droit que nous avons reçu de nos anciens, de la Révolution française : il faut le développer; et quand je cherche à organiser le régime nouveau, je n'en trouve pas d'autre que le régime de la liberté d'enseignement qui, je l'ai dit en commençant, n'a jamais existé dans ce pays.

Oh! je le sais, on nous dit que ce régime est plein de dangers à cause des deux jeunesses.

Je ne veux pas m'étendre sur les deux jeunesses. Je prétends qu'il y a bien autre chose que deux jeunesses. Il y a deux sociétés, l'ancienne société théocratique d'autorité, et la société civile démocratique qui ne peut vivre que par la liberté.

Pour résoudre ce problème de l'unité qui l'obsède, notre honorable collègue M. Lintilhac conçoit une sorte de duel entre l'Église et l'Université.

Nous n'échappons à l'Église que pour tomber dans les bras de l'État, de l'Université. Si nous ne sommes pas écrasés par l'un, il faut que nous soyons écrasés par l'autre ; c'est la Révolution, la liberté qui l'exige.

Le tort de tous les professeurs, — c'est un tort bien naturel, — c'est de croire qu'ils fabriquent des hommes. (*Rires approbatifs sur divers bancs*)

Messieurs, en pareille matière, je suis pour la routine classique; je crois que le père et la mère y sont bien encore pour quelque chose. (*Nouveaux rires*)

J'entends dire tous les jours : « L'enfant est une cire molle, on le forme comme on veut. »

Non. L'hérédité et le milieu ont déterminé ces petits hommes qu'on vous envoie. Vous leur apprenez à apprendre. (*Très bien! très bien*)

Mais vraiment, croyez-vous de bonne foi qu'un enfant, sur les bancs du collège, soit toujours en corrélation nécessaire, déterminée par son professeur, avec l'homme qu'il sera plus tard? Cela serait bien inexact, en tous cas, pour tous ceux que j'ai connus. (*Nouvelles marques d'approbation*)

M. Charles Riou. — Parfaitement.

M. Clemenceau. — Mon honorable collègue M. Riou

37

me dit « parfaitement ». Nous sortons tous les deux du lycée de Nantes. *(Rires)*

M. Le Provost de Launay. — Et M. Combes du séminaire.

M. Clemenceau. — Et M. Combes du séminaire, et je l'en honore, parce qu'il a mis en valeur sa personnalité en se montrant supérieur aux professeurs qui, selon la doctrine de M. Lintilhac, auraient dû le déterminer à jamais. *(Très bien! très bien! à gauche)*

M. Lintilhac. — J'ai dit que les esprits supérieurs résistaient à la déformation par l'éducation.

M. Clemenceau. — Puisque vous m'interrompez, mon cher collègue, — et je vous en remercie, — vous me fournissez l'occasion de répondre à cette partie de votre argumentation, ce que j'aurais probablement négligé de faire.

Oui, vous avez dit que les esprits supérieurs résisteraient à vos efforts. J'en suis bien aise.

M. Lintilhac se contente de déterminer, de mettre en mouvement les esprits inférieurs. *(Sourires)*

Eh bien, moi, je suis bien plus ambitieux que vous; oui, vous voulez faire marcher les moyens, les médiocres; avec ceux-là vous voulez constituer un type moyen, faire une république de bons élèves, une république de bons fonctionnaires qui marcheront suivant la direction que vous leur aurez donnée. *(Très bien! à gauche)* Moi, je suis comme Diogène; mais, plus ambitieux que lui, je cherche des hommes et je dis que vous ne pouvez pas en faire, de votre propre aveu.

Ah! vous aiderez à les faire! Ce n'est pas que je veuille protester contre l'action de l'enseignement, tout au contraire, — je la tiens pour infiniment précieuse, et personne n'est plus que moi prêt à lui rendre hommage, — mais les jeunes gens qui vous arrivent viennent avec des idées déterminées qu'ils acquièrent tous les jours dans leurs familles; contre cela votre confrérie de professeurs est impuissante. J'ai dit que vous ne pouviez pas fermer la grande école de l'Église; vous ne fermez pas davantage la grande école de la famille. *(Très bien! très bien!)* Vous n'empêchez pas l'enseignement du soir, vous n'empêchez pas que le père, dans l'esprit de l'enfant, qui ne demande qu'à se confier à ceux qui l'aiment, à ceux qu'il voit tous les jours s'intéresser à sa vie, ne puisse, d'un mot juste ou faux, barrer tout l'enseignement que vous aurez péniblement édifié dans votre journée. *(Nouvelles marques d'approbation)*

Messieurs, je le disais tout à l'heure, tout se tient. Vous avez fait la liberté de la presse, vous avez fait la liberté de réunion, vous ferez, j'en ai confiance, la liberté de conscience. Vous aurez le courage de faire la liberté de l'enseignement.

Quand on a commencé à faire la liberté, on n'est pas maître de s'arrêter en chemin. Faire la liberté, ce n'est pas seulement lui élever des statues, donner son nom à des places publiques, à des arbres, cela n'est rien. Il faut en faire une réalité vivante, car c'est elle seule qui peut gagner les esprits et les garder.

Cherchant à expliquer comment le monopole de l'Église et le monopole de l'État, confondus, avaient fait ces deux générations qui se sont heurtées dans la sanglante tragédie de la Révolution, vous nous avez dit : « Il y avait alors Condorcet, il y avait Voltaire, il y avait Diderot ; » mais n'y sont-ils donc plus ? Ni Voltaire, ni Condorcet, ni Diderot n'ont cessé d'agir, je suppose; leurs livres étaient interdits ; ils étaient brûlés : aujourd'hui ils sont partout et avec eux leurs fils, ceux qui les représentent authentiquement parmi nous.

Dans cette Assemblée, nous avons un homme que nous pouvons regarder comme l'un de leurs dignes successeurs, j'ai nommé Berthelot. Berthelot s'est prononcé sur cette question, il y a quelques jours, dans une réunion publique; il a parlé ; il a parlé comme eussent parlé ces grands ancêtres ; il a dit la parole que nous attendions d'eux. Écoutez !

« Cependant, messieurs, notre tradition, ne l'oublions jamais, est celle de la pensée libre. Dans notre enthousiasme pour la science et la raison, nous devons toujours maintenir ce principe fondamental qu'il s'agit de convaincre les hommes en nous appuyant uniquement sur leur adhésion volontaire, sans persécuter personne, sans jamais prétendre à l'infaillibilité, sans réclamer et imposer au nom de la raison le monopole de dogmes immuables. » *(Très bien ! — Applaudissements sur un grand nombre de bancs)*

Messieurs, je suis avec Berthelot.

Mais vous, quels sont vos répondants ? où sont les conseillers autorisés du monopole ? Vous vous jetez aveuglément dans une lutte dans laquelle la fatalité veut que vous soyez vaincus. Vous prétendez opposer les fils aux pères. Pouvez-vous penser que les pères ne se révolteront pas ? Pouvez-vous penser que les pères, que vous obligez d'envoyer leurs enfants à une école dont ils désapprouvent l'enseignement, ne se mettront pas en révolte, au foyer, contre cet enseignement? Ah! ils ne seront pas seuls. C'est alors que l'Église se présentera pour leur venir en aide. L'Église, que vous ne pouvez pas fermer, à laquelle vous êtes obligés, dans le système républicain, de laisser l'entière liberté de son enseignement, l'Église viendra au secours du père révolté, et le père et l'Église feront effort sur l'enfant; et cette conversion que la liberté vous eût donnée, vous la rendrez impossible.

Eh bien, moi, j'entrerai au foyer, tout seul avec la liberté, portes et fenêtres grandes ouvertes, et je dirai au père : « Voilà l'histoire de l'Église, elle est de massacres, de bûchers, de sang, de dragonnades, de persécutions, elle est de tyrannie. Et voici maintenant la République : elle est de liberté! toutes les paroles peuvent arriver à toi et à ton enfant. » Car je veux conquérir le père avec l'enfant; et quand je lui aurai démontré la puissance de ce régime de liberté et sa supériorité sur le régime de coercition, le père sera conquis au libre examen. Quand il aura été conquis à la libre critique, il sera mien; ce sera un nouveau soldat de la liberté et un nouveau soldat de la République, et j'aurai fait la paix là où vous organisez la guerre.

Si vous voulez savoir ce que peut produire ce régime, regardez l'étonnante floraison des écoles aux États-Unis d'Amérique.

Ah ! oui, je le sais, vous ferez un peuple d'automates avec des gestes machinés de démocratie. Mais pendant ce temps, les peuples chez qui l'initiative est en honneur, s'empareront du monde. (*Vive approbation sur un grand nombre de bancs*) Ils se répandront dans l'univers et ils y porteront les grandes idées de justice et

de civilisation générale que nos aïeux avaient si glo-
rieusement inaugurées. *(Nouvelles marques d'approbation sur les mêmes bancs)*

Je sais bien que les États-Unis ont trouvé table rase.
Nous, nous avons trouvé la France occupée par l'Église
et, à mesure que nous l'avons délogée de quelques-unes
de ses positions, elle a reculé sans doute, mais elle a
laissé des postes d'occupation dans toutes les positions
stratégiques.

Et c'est ici qu'il faut que je m'explique, non plus sur
le principe de la liberté, en faveur duquel je viens de
parler, mais sur ce que j'appelle, — ne vous en déplaise,
messieurs, *(l'orateur se tourne vers la droite)* — les
garanties de la liberté contre le privilège.

Messieurs, je trouve devant moi une corporation
internationale ayant pour chef un souverain étranger.
L'honorable M. de Cuverville avait, dans une interruption, dénié au pape la qualité de souverain étranger.
Fort heureusement, notre honorable collègue, M. le
comte de Blois, a rétabli la véritable doctrine en affir-
mant, à cette tribune, que le pape était bien un souverain étranger.

M. l'amiral de Cuverville. — La véritable doctrine? Je le conteste.

M. Clemenceau. — Vous le contesterez contre la
réalité, puisque le pape est souverain, qu'il est étranger,
et qu'il se proclame à la fois souverain temporel et
spirituel.

M. l'amiral de Cuverville. — C'est un souverain
temporel et dépossédé.

M. Clemenceau. — Il a beau être dépossédé, il est souverain. C'est lui qui le dit, et il doit le savoir mieux que vous. *(Rires sur quelques bancs)*

Je dis que nous trouvons devant nous les membres d'une corporation internationale soumis à un souverain étranger, véritable enclave de servitude romaine dans notre droit civil de liberté. C'est leur domination que nous avons refoulée. C'est sur eux, contre eux, que nous avons conquis nos libertés. Ils sont vaincus, mais réclament le maintien de leurs privilèges. La liberté d'un seul, c'est la domination; le droit commun, c'est la liberté de tous. Quiconque réclame une liberté au delà de la commune liberté, réclame un privilège : c'est le cas de la congrégation.

Nous trouvons devant nous des hommes qui réclament un droit de privilège non pas pour les individus qui constituent cette corporation, mais pour la corporation elle-même, en vue d'une domination corporative... *(Mouvement)*

Ils réclament un privilège; lequel?

Le privilège de fonder dans la société française une société qui a pour principe la négation des principes de la société française. *(Très bien! très bien! à gauche)*

Vous proclamez la liberté, ils y opposent l'obéissance, *(Très bien! à gauche)* l'obéissance à quoi? A autre chose que la loi, à quelque chose de contraire à la loi! Et cela pour la domination.

Vous proclamez la propriété individuelle; ils revendiquent l'appropriation non individuelle, la mainmorte, l'accumulation des capitaux comme instrument de domination.

Vous établissez, comme fondement de votre ordre

social, la famille. Ils répudient la famille ! *(Vifs applau-dissements à gauche, protestations à droite)*

M. Dominique Delahaye. — Ce n'est pas exact.

M. de Lamarzelle. — Nous vous répondrons.

M. Clemenceau. — Non, vous ne répondrez pas.

M. de Lamarzelle. — Je tâcherai.

M. Clemenceau. — Vous me direz que sentant l'étonnement qu'une pareille conception peut causer dans les esprits, ces gens s'attribuent, — faussement, — les titres de père et de mère : ce sont de faux pères, ce sont de fausses mères. *(Vifs applaudissements à gauche)*

Ils ne connaissent pas la force du lien de sang qui lie la chair à une autre chair; ils n'ont pas vu l'enfant naître, ils ne l'ont pas vu souffrir, ils ne l'ont pas suivi dans sa lutte misérable pour l'existence, ils n'ont rien de commun avec lui qu'une prétendue paternité spirituelle qui ne peut être indépendante de l'autre et qui se traduit trop souvent par des martyres, par des supplices comme au refuge de Tours. *(Vifs applaudissements sur les mêmes bancs à gauche)*

Ils répudient la famille, les charges de la famille, les devoirs de la famille, et quand ils se sont créé une existence sans devoirs humains, ils en profitent pour faire une concurrence mortelle aux ouvriers qui ont des enfants à faire vivre, à élever.

Ce sont des citoyens de la société romaine, enclavés dans notre société française issue de la Révolution; ce sont des sujets de la théocratie, en désaccord de principe avec les citoyens de la démocratie. Nous leur offrons le droit commun, le droit civil français, la liberté commune, la même liberté qu'à tous les Français. Que peuvent-ils demander de plus ?

La liberté qui me suffit doit leur suffire. J'en suis fâché pour eux, mais je ne suis pas prêt à leur accorder un privilège. Ils prêchent des doctrines antisociales qui sont la négation de la société issue de la Révolution : je n'en ai pas peur, qu'ils les prêchent ! Mais constituer dans l'État, par privilège, un État spécial qui surajoute à son privilège la liberté, non plus individuelle, mais d'une corporation en révolte contre la société elle-même, voilà ce que je ne puis tolérer, dans l'intérêt même de la commune liberté.

Je ne le puis tolérer, mais les congrégations, en fait, se sont audacieusement imposées, en dépit de la loi, et les gouvernants les ont subies et se sont faits leurs complices.

Ainsi ont coexisté sur notre territoire deux États, le français, le romain, qui se pénètrent, qui s'enchevêtrent, qui s'opposent en ennemis, pour l'attaque et pour la défense des droits civils de la Révolution française.

Notre solution de la difficulté est simple : c'est une solution de liberté. Je vous en prie, messieurs, ne l'oubliez pas, n'oubliez jamais que c'est la République qu'il s'agit de faire, et que notre but ne saurait être d'obtenir la victoire facile d'un jour sans lendemain.

Nous proposons de mettre la religion dans le domaine de la liberté, de supprimer tous ses organes de domination pour la mettre dans le domaine du droit commun. Nous proposons de placer le pouvoir politique dans le peuple français, non pas pour lui donner le pouvoir absolu des monarques disparus, mais pour lui permettre d'exercer sa puissance légitime sur lui-même en respectant, en garantissant les droits intangibles de l'individu.

C'est là, messieurs, le but vers lequel nous marchons : nous n'y sommes pas encore. Pour le moment, par le budget de l'État, par la fonctionnarisation du clergé, — je vous demande pardon du barbarisme, — nous faisons les frais de la guerre de Rome contre la République française. C'est avec cet état de choses que nous voulons en finir, quelques-uns de mes amis par l'autorité d'omnipotence qui se retournerait contre eux, moi, par la liberté, avec les garanties de liberté que j'ai indiquées.

Dans ma doctrine, l'établissement d'un seul droit commun pour tous donne à chacun la même arme pour l'exercice de la même liberté.

J'attendrai les protestations contre la légitimité d'un tel état de choses. Pour toutes les idées, libre carrière ; pour tous les hommes, le même droit ; refus du privilège à quiconque veut ajouter le privilège au droit commun. En d'autres termes, une seule société, une seule loi, une seule catégorie de citoyens. Est-ce là ce que vous oserez appeler la tyrannie ?

Messieurs, je vous demande pardon d'avoir parlé aussi longtemps ; *(Parlez ! parlez !)* j'ai, de bonne foi, essayé de suivre le chemin de la raison et de l'idée républicaine à travers les incertitudes et la confusion de la discussion dans laquelle nous sommes engagés. Je ne sais pas si j'ai réussi ; mon ambition est simplement de vous faire comprendre à quel point de vue je me suis placé. J'entends beaucoup de mes amis me dire : Vous êtes un esprit absolu. On est toujours l'esprit absolu de quelqu'un. Cependant, je fais un grand effort. Le discours que je viens de prononcer, comme celui que j'ai prononcé il y a quelques mois, je ne les aurais certainement pas faits au début de ma carrière dans le Parlement. J'ai regardé, j'ai appris, j'ai tâché de profiter des leçons qui me sont venues de toutes parts. Je ne dirai pas que je suis resté aussi ferme républicain que par le passé; à cet égard, je n'ai pas changé; il est impossible de concevoir un homme qui soit plus détaché de Rome que je ne le suis. *(Sourires)* J'en suis arrivé au point que je n'éprouve même pas le besoin de l'insulter.

Je crois que le problème est de séculariser mon pays, de le dégager de l'ancienne théocratie romaine. Je comprends que je ne puis le faire qu'à mesure que je suis capable d'obtenir l'assentiment de la majorité de mes concitoyens et je cherche à le faire dans une forme qui ne les heurte pas. Cette séparation de l'Église et de l'État que j'appelle, que je croyais ne jamais voir et que j'espère maintenant qu'il me sera donné de voir réaliser de mon vivant, j'entends qu'elle ait lieu dans des conditions de libéralisme telles que personne, qu'aucun des Français qui voudront aller à la messe ne puisse se trouver dans l'impossibilité de le faire.

M. l'amiral de Cuverville. — Quand vous serez président du conseil!

M. Clemenceau. — Voulez-vous préciser votre interruption? Je ne la comprends pas, mon cher collègue. *(Parlez ! parlez !)*

Messieurs, vous êtes témoins que je ne veux choquer personne, que je vous explique en toute simplicité et

en toute franchise l'état d'esprit d'un homme qui a été
dans les Assemblées pendant longtemps et qui, à l'heure
où il approche du terme de sa carrière, cherche à concentrer son action sur un point vital de l'adversaire
qu'il a trouvé devant lui, avec le désir de réussir, sans
blesser les consciences, sans porter atteinte à ce qui est
intangible chez moi, et ce que je reconnais intangible
chez vous. Faisant ainsi, je cherche l'ordre ; je cherche
l'ordre par la liberté ; je cherche en même temps la justice ; je cherche l'ordre dans la paix de justice et de
liberté.

Et lorsque notre honorable collègue M. Thézard, dans
cette discussion difficile, nous apporte le projet sur
lequel nous délibérons en ce moment, je lui demande
pardon de le dire, j'ai écouté son discours avec la plus
grande attention, et j'ai le plus profond respect pour
son opinion, mais je crois que, universitaire lui-même,
il a prononcé d'un point de vue universitaire.

C'est toujours l'idée de ce malheureux duel entre
l'Université et l'Église. Au delà de l'Université, au delà
de l'Église, il y a les citoyens ; c'est à l'ensemble des
citoyens que je pense. Le projet de M. Thézard a tous
les inconvénients du monopole, et il y ajoute tous les
dangers de la liberté. C'est l'omnipotence de l'État, cor-
rigée par l'arbitraire, *(Sourires)* l'omnipotence de l'État,
de l'État changeant. Qu'auriez-vous dit d'un Louis XIV
qui aurait révoqué l'édit de Nantes un jour et persécuté
les catholiques le lendemain ? C'eût été le gâchis. C'est
le gâchis que vous nous préparez.

Votre principe de l'autorisation pourrait avoir une
apparence de raison dans une monarchie, parce qu'il
semble au moins qu'il y a une continuité de vue qui se

poursuit à travers les temps. Pour nous, nous ne voyons dans les majorités changeantes que des instruments pour pourvoir aux nécessités politiques du jour en continuant de respecter et garantir les droits de l'individu, proclamés par la Révolution française.

Qu'avez-vous fait, cependant ? Vous êtes arrivés à nous proposer une solution bâtarde, philippotarde, si vous me permettez ce mot. *(Sourires)*

Ce n'est pas le monopole et c'est le monopole, cela dépend de quel côté vous regardez : *Janus bifrons.*

Quant au principe de la liberté, il a été défendu à cette tribune avec beaucoup d'éloquence par l'honorable M. Chaumié, et je n'ai pas la prétention de refaire l'excellent discours de notre ministre de l'instruction publique. Sans doute, je trouve qu'il y a des lacunes dans son projet ; je l'ai prouvé en déclarant que l'amendement de M. Girard avait toutes mes sympathies.

J'aurais voulu, je l'avoue, et je serais disposé à présenter un amendement dans ce sens, j'aurais voulu qu'il eût tenu compte de la proposition très intéressante faite par M. Combes, d'abord comme ministre en 1896, et reproduite par lui comme sénateur en 1898, sur les sanctions de l'enseignement secondaire, dont le rapporteur était notre ancien collègue M. Pozzi.

Ce projet de loi instituait un jury d'État qui faisait passer l'examen aux élèves des lycées et aux élèves de l'enseignement libre. J'aurais aimé beaucoup à retrouver dans le projet de M. Chaumié cette disposition jadis préconisée.

Je voudrais renforcer dans la mesure du possible les garanties proposées par l'honorable M. Chaumié. J'y tiens d'autant plus que je me trouve, à mon grand regret, dans l'obligation de me séparer de mes amis. Je le regrette profondément. Moi, à qui on reproche d'avoir renversé tant de ministères, c'est justement quand je soutiens un ministère que je vois quelques-uns de mes amis, qui soutiennent le même ministère, se détacher de moi. *(Hilarité générale)*

M. Victor Leydet. — Vous nous avez donné de bonnes habitudes.

M. Clemenceau. — C'est une fatalité malheureuse que m'impose l'indépendance de ma pensée.

Tout en désirant très sincèrement le vote du projet de M. Chaumié, je rechercherai, dans la mesure de mes moyens, à obtenir le maximum de garanties efficaces que le Sénat voudra bien consentir.

Messieurs, il y a en cette affaire une question de méthode et, permettez-moi de le dire, bien que je n'aie aucune qualité pour la poser, une question de gouvernement. Notre but, je vous l'ai dit tout à l'heure, — il faut que cela soit bien entendu entre nous, — c'est la sécularisation de l'État. Faire descendre l'Église de son trône de domination pour la reléguer dans le domaine de la liberté, voilà notre but. Que reste-t-il à faire ?

Il reste à régler la question des congrégations, la question de la liberté de l'enseignement, et celle de la séparation de l'Église et de l'État.

Messieurs, ce programme, c'est celui du gouvernement que nous avons devant nous. Je n'ai pas l'habitude de flatter les gouvernements, cependant il me sera permis de dire que, dans cet ordre d'idées, aucun gouvernement, depuis la fondation de la République, n'a fait davantage et n'a même fait autant. Je sais bien que

DISCOURS POUR LA LIBERTÉ

vous criez à la persécution, messieurs de la droite, mais aussi longtemps que votre persécution n'est pas une persécution, je ne redoute point vos cris. Nous avons commencé par refuser l'autorisation aux congrégations non autorisées et nous avons tiré de la loi de notre honorable collègue M. Waldeck-Rousseau tout ce qu'elle contenait, et même, si j'en crois M. Waldeck-Rousseau, un peu plus que ce qu'il s'était proposé de lui faire contenir. *(Sourires)* Ce n'est pas moi qui en ferai un reproche à M. Combes.

Une loi sur l'enseignement est en ce moment soumise aux délibérations du Sénat qui, je l'espère, en fera sortir la laïcisation générale de l'enseignement. A nous d'accomplir notre œuvre.

Enfin, je crois pouvoir dire que nous nous orientons vers la séparation de l'Église et de l'État. Je dis précisément que nous nous « orientons » pour ne pas blesser votre sentiment de la correction gouvernementale, mes chers collègues de la droite. Il faut dire les choses comme elles sont. Ce programme est celui du gouvernement actuel, et c'est pour cela que je soutiens ce gouvernement.

Or, je demande à mes amis de la gauche s'ils croient que c'est le moment, lorsque le gouvernement fait face résolument à nos adversaires, de l'abandonner en se livrant au plaisir, non pas inoffensif, de faire une manifestation d'autorité réactionnaire ?

Je ne le crois pas. Ah ! je sais bien que l'honorable M. Lintilhac, le prenant d'un peu haut avec les républicains qui se permettent de rester attachés à la liberté, nous a dit que nous nous en repentirions, si nous ne votions pas la proposition de la commission. Mais de quoi me repentirais-je? Croyez-vous que la défaite serait capable de me faire repentir? Elle me rendrait encore plus ferme dans mes idées républicaines et me donnerait de nouvelles forces contre vous et contre tous ceux qui ne conçoivent la liberté que comme un changement de tyrannie.

Et puis, notre collègue encore nous a menacés d'une campagne électorale! Eh bien, allez chercher les grenouilles républicaines qui demandent la royauté de l'État! *(Rires et applaudissements sur divers bancs)*

M. Méric. — Vous n'êtes pas aimable pour vos amis.

M. Béraud, *désignant la droite.* — Ils sont contents!

M. Clemenceau. — Ah! je ne sais pas s'ils sont contents ou non contents ; je ne m'occupe de rien que de servir la vérité, la liberté et la justice, suivant la mesure de mon intelligence! *(Marques d'approbation)*

M. Méric. — Mais nous aussi!

M. Clemenceau. — Je ne vous apostrophe pas, et vous m'apostrophez, voilà la différence! Quand vous monterez à cette tribune, je vous écouterai sans interruption, comme j'ai écouté M. Lintilhac.

Lorsque j'ai demandé la liberté de la presse, ces messieurs aussi *(l'orateur désigne la droite)* m'ont applaudi; est-ce que c'était une raison pour refuser la liberté de la presse? Quand je demande la liberté de l'enseignement, ces messieurs aussi veulent bien m'applaudir : est-ce une raison pour refuser la liberté de l'enseignement?

Laissez-moi donc le dire, je ne m'isole pas de vous;

(l'orateur désigne la gauche) malgré vous, je demeure solidaire de mon parti à condition qu'il représente nos idées ; et si mon parti abandonne, pour un moment, ces idées, je continuerai, fussé-je seul, à les défendre !

Un sénateur au centre. — C'est très courageux, ce que vous dites là !

M. Clemenceau. — Il n'y a aucun courage à cela.

Je ne prétends pas le moins du monde, mes chers collègues, faire le procès d'aucun de vous. Nous agissons avec la diversité de nos intelligences et suivant nos idées ; nous cherchons à nous convaincre et non point à nous faire peur, à nous terroriser en aucune façon. *(Très bien ! très bien ! à gauche)*

Vous allez me retrouver, tout à l'heure, ce que j'ai toujours été, ce que je suis à cette tribune ; et vous savez très bien que je mourrai dans la foi républicaine. *(Vive approbation à gauche)*

M. Méric. — On ne suspecte pas votre bonne foi.

M. Clemenceau. — Alors, laissez-moi parler ; j'aurai bientôt fini.

Messieurs, je sais qu'il y a des publicistes républicains, que j'estime et que j'aime, qui se sont jetés dans la cause du monopole ; — c'est Aristote qui disait : *(Sourires)* « J'aime Platon, mais j'aime mieux la vérité. » — Ils réfléchiront. Par leurs articles, par leurs discours, ils préparent le mouvement d'opinion qui doit aboutir à cette tribune. Nous sommes ici sous le regard du peuple français pour échanger des raisons, pour échanger des arguments, et c'est ce que j'ai essayé de faire, en me détachant de toutes espèces de considérations d'ordre contraire.

Vous avez deux systèmes en présence : l'autorisation et la liberté; l'autorisation arbitraire, le caprice dont nul ne rendra compte, l'autorisation changeante qui variera avec les ministères. Est-il bien sûr que si notre collègue M. Méline était président du conseil, M. Thézard vous proposerait aujourd'hui le système de l'autorisation? Les ministères passent, et, avec eux, leurs idées. Il est élémentaire de le prévoir.

Je cherche à m'élever au-dessus de toutes ces considérations. Notre but est de séculariser l'État, et le gouvernement, de bonne foi, fait de son mieux à cette heure pour y arriver; mon devoir est de l'aider et je l'aide.

Je l'aide non pas en votant contre lui, mais en votant avec lui, en votant le projet du ministre de l'instruction publique, soutenu par le président du conseil, et en cherchant à l'améliorer dans la mesure de mes moyens par mes amendements.

J'aurais voulu que ces raisons déterminassent mes amis à abandonner le projet dans lequel ils se cantonnent pour faire, par un contraste singulier, une opposition intransigeante au gouvernement qu'ils ont la volonté de soutenir.

A gauche. — Mais non!

M. Clemenceau. — Il ne faut pas dire : « Mais non! »

M. Victor Leydet. — C'est une question de principe, voilà tout!

M. Clemenceau. — Tout à l'heure, plusieurs d'entre vous voteront contre le gouvernement qu'ils font profession de soutenir... *(Bruit et interruptions à gauche)*

Je répète : tout à l'heure, plusieurs d'entre vous voteront contre le gouvernement qu'ils font profession de soutenir, et je dis qu'ils auraient raison si ce gouvernement désertait l'idée de sécularisation ; et je dis qu'ils auront tort, parce que le gouvernement, au lieu de déserter l'idée de sécularisation, s'efforce de la servir.

Messieurs, j'ai fini. Je vous demande pardon d'avoir occupé cette tribune si longtemps. *(Non! non! — Parlez!)*

Vous me rendrez cette justice, qu'en m'élevant au-dessus des considérations de groupes et d'amitiés, j'ai uniquement cherché à servir, dans la mesure de mes forces, l'idée républicaine. Cette idée, je la résume d'un mot.

Messieurs, le monde est à la force, le monde est aux conflits, aux luttes d'intérêts ; mais, sous ces luttes sauvages d'appétits plus ou moins furieux, dans la profondeur des masses, une idée a surgi qui meut les hommes et les pousse à la conquête d'une société meilleure : c'est l'idée du droit humain, l'idée du droit de l'homme, de l'homme grandi en roi, en souverain, dont la souveraineté ne connaît de limites que la souveraineté des autres. C'est cette idée qui a changé la société depuis les temps anciens, qui en a fait ce qu'elle est aujourd'hui ; c'est en elle qu'est la force de l'avenir ; elle est notre *palladium,* c'est l'idée que nous ne devons jamais, quoi qu'il arrive, déserter.

Jamais, pour ma part, je ne permettrai qu'elle passe

de ce côté *(la droite)* de l'Assemblée. C'est avec elle qu'est la force de l'avenir. Nous avons été vainqueurs parce que nous l'avions avec nous, parce que nous détenions cette grande idée du droit où la justice et la liberté se rencontrent. On l'a invoquée contre nous; mais comme ce n'était que le déguisement d'une réalité de privilège, la force est restée de notre côté.

Nos pères ont fait, il y a cent ans passés, une révolution de droit dans le monde. Pour les continuer, nous ne pouvons que maintenir et développer la notion de droit qu'ils nous ont léguée; et comment développer le droit, si ce n'est par le développement de l'homme qui en est la substance? C'est pourquoi le mot d'ordre de cette civilisation moderne que la Révolution a fondée et que le *Syllabus* maudit, ne peut être, à travers toutes les incertitudes d'une si longue bataille, que de libérer, de grandir, d'accroître l'homme toujours. *(Très bien! très bien! et applaudissements. — L'orateur, en retournant à sa place, reçoit les félicitations d'un grand nombre de ses collègues.)*

Avant tout commentaire nous devons publier ici un article du Bloc, *première année, numéro 3o, dimanche 18 août 1901, qui fait corps avec le discours que l'on vient de lire; le* Bloc *était sous-intitulé gazette hebdomadaire :*

CROIRE OU SAVOIR

Un fait récent a posé devant l'opinion républicaine la question de l'éducation religieuse des enfants. Le problème paraît être théoriquement fort aisé à résoudre, chaque chef de famille réclamant le droit d'élever sa jeune progéniture dans les idées qu'il tient pour vraies, soit qu'il les ait reçues, sans examen, des ancêtres, soit qu'un effort d'esprit tout personnel lui ait fait des convictions particulières.

On a beaucoup écrit sur « le droit de l'enfant » et sur « le droit du père ». On ne peut nier qu'un moment arrive où les deux droits s'opposeront par la force des choses. L'heure vient fatalement d'une crise de l'autorité paternelle dans toute la famille. L'enfant a grandi, il éprouve plus ou moins obscurément le besoin de penser par lui-même et le concours des deux hérédités dont il sort lui fait une disposition personnelle à se différencier de parents dont la tendance invariable est de lui laisser une empreinte d'eux-mêmes. Après avoir tiré plus ou moins heureusement, chacun sur son bout de chaîne, une réciproque affection induit le plus souvent les deux parties à composer. Les enfants doivent s'accommoder tant bien que mal d'un père façonné « aux idées d'autrefois », les pères se résignent à subir des enfants « sans expérience », qui s'aventurent dans le monde au gré de leurs fantaisies. On vit, on meurt, chacun ayant tort ou raison tour à tour, très fier quand l'occasion lui vient de dire à l'autre : « N'avais-je pas prédit ce qui est arrivé ? »

Dans le silence de l'éternité tout s'apaisera bientôt. Mais avant d'en arriver là le marmot qui vient de naître trouve à l'autorité de ceux qui le mirent au monde, sans autorisation préalable, une douceur extrême. Ce jour-là, n'ayant que des besoins physiques, et se trouvant hors d'état d'y pourvoir, le despotisme lui est doux de la main qui s'empresse à le satisfaire. Il le sollicite énergiquement de toutes ses facultés d'expression, et manifeste à tout propos son parfait contentement d'une sujétion où il réalise la plénitude actuelle de son être. Nulle discussion encore sur « le droit » de chacun. L'apparence absolue de ce mot, sous lequel ne se cache rien que la brutalité d'un fait qui s'impose, nous réserve bien des mécomptes, s'appliquant à une créature toujours en voie de changement.

L'enfant grandit, et, depuis le premier jour, toute son énergie de croissance tend à l'individualiser davantage, à le séparer de plus en plus de ses procréateurs en l'affranchissant peu à peu de la nécessité de leurs secours. Son droit à la vie physique lui paraît souverain. Il en use, il en abuse avec une inconscience de jeune bête. Mais voici les symptômes d'une vie morale qui vont se produire. Vivre, c'est s'approprier le nécessaire et même le superflu. L'acte instinctif de l'enfant est de s'approprier toutes choses, sans se poser la question des conséquences. Dès les premières lueurs de compréhension, le précepte intervient : « Il ne faut pas faire cela. » C'est l'apparition de la morale sous la forme d'un commandement dont l'explication n'est pas toujours convaincante. Une borne est posée provoquant moins le respect que le désir de passer au delà. Lentement, lentement, l'esprit s'ouvre au commerce du monde. L'univers soulève ses premiers voiles. Mille questions jaillissent des lèvres, appelant, en réponse, de vagues formules, provisoirement acceptables dans l'impossibilité de l'analyse. Jusque-là l'esprit des parents et l'esprit de l'enfant ne sont qu'un. Mais prochaine est l'épreuve.

Les deux maîtres

Il faut étudier. Il faut travailler. Il faut apprendre. Devant la jeunesse ingénue deux hommes se présentent. L'un pauvre, rébarbatif, souvent morose, montrant sur son visage les sillons douloureux de la vie, qui vient offrir, sans pouvoir se couvrir d'une autre autorité que d'hommes comme lui, le fruit de l'expérience accumulée des siècles sur tel ou tel point de la connaissance humaine. Pour le comprendre, l'enfant se voit requis de produire un douloureux effort d'intelligence, toujours plus grand, jusqu'à ce que le dégoût vienne de la tension rebutante dont nulle fin ne se découvre. Des livres consultés montrent bientôt que sur les questions soulevées l'humanité n'a pas toujours pensé de même. La science d'aujourd'hui n'est pas celle d'hier. Pourquoi la science de demain ne différerait-elle pas de celle d'aujourd'hui ? Tant de labeur ingrat pour s'assimiler des choses qui changent, présentent à tout moment des aspects inconnus ! Encore ne s'agit-il là que du « connaissable ».

A l'imagination maintenant de construire les solutions les plus plaisantes, en même temps que les plus conformes à l'avantage utilitaire. Il en est peut-être comme a dit celui-ci, sinon il est possible que tout soit comme a dit celui-là. Depuis que l'homme pense, il a successivement émis toutes les hypothèses de science, de métaphysique, de rêve. Dans le tas, que chacun pense à sa convenance, se construise un paradis à sa mesure. Croyez ce qu'il vous plaira. Mais surtout que vos croyances ne soient pas pour choquer vos concitoyens. On vous pardonnerait de révoquer en doute ce qui est « démontrable », la théorie de la gravitation universelle, par exemple. Mais si votre « indémontrable » ne peut pas faire bon ménage avec celui ou ceux de vos concitoyens, il en résultera pour vous de grands ennuis.

L'enfant, bien entendu, ne peut se rendre compte de ces choses. Même s'il ne doit jamais les comprendre, il n'en sent pas moins, toutefois, que son pédagogue omniscient n'a pas réponse à tout, — loin de là, — et cela lui est une souffrance. Ce qu'il voudrait c'est que, pour chaque problème qui se présente on lui offrît une solution claire, simple, définitive, qui fût le dernier mot sur la matière. Le *Magister dixit* est né de ce besoin. Hélas! Le maître dit, et quand il a dit, il reste, il restera toujours à dire. Dès que l'enfant l'a découvert, — et le phénomène s'accomplit en lui bien plus tôt qu'on ne pense, — il en éprouve une déconvenue extrême, un découragement dont sa paresse le console en le confinant dans le labeur strictement utilitaire.

C'est alors qu'à l'insuffisant pédagogue, — obligé de convenir que sa science est bornée, — succède le détenteur de la révélation suprême, tout doux, tout aimable, tout en vertus extérieures, satisfait de lui-même, révéré de tous, se vantant d'être supérieur à la vie. C'est l'homme qui ne connaît pas de question sans réponse, le maître des mystères, celui qui possède la clef de toutes choses. Ah! celui-là ne court point le risque de s'égarer en des recherches ardues d'expérimentation, d'analyse. Il n'usera point sa pensée à reculer, de si peu que ce soit, les limites de la connaissance, car il connaît tout de prime abord, son autorité étant, non pas d'un homme borné, mais du Dieu fabricateur du monde, de qui il a reçu le pouvoir. Il va dire à son tour, mais cette fois, il n'y a plus de contradiction possible. Sans une variation, tous ceux qui ont reçu le même mandat, diront les mêmes paroles, accompliront les mêmes rites, et, après avoir expliqué l'univers sans le secours d'aucune science, donneront sans difficultés la formule éternelle, absolue, de l'humanité sur la terre.

Et le merveilleux, c'est qu'ici il n'est plus besoin de se casser la tête pour comprendre. Il suffit de répéter les mots qu'on vous présente. On vous demande simplement de *croire*, phénomène que la suggestion d'autrui suffit à produire chez les âmes faibles, tandis que chez les autres, l'effort de savoir exige, avec l'initiative, une persévérance obstinée dans les voies ardues de la connaissance. La foi, non la raison, voilà l'instrument de la destinée humaine, et, si vous en doutez, on aura recours à tous les arguments de la raison pour vous démontrer que les démonstrations de la raison sont vaines.

Ce seul point admis, tout devient lumière, en effet, pour le croyant. Il a l'explication, la prévision de tout. Il n'a plus à rechercher sa voie, à se conduire. *Il est conduit.* Pourvu qu'il prononce à l'heure marquée des paroles déterminées, pourvu qu'il accomplisse les rites prescrits, — car le Créateur souverain a cette étrange faiblesse d'avoir besoin de l'adoration de ses créatures, — sa vie, simplifiée, facilitée, s'acheminera, par des routes heureuses, vers des félicités non d'un jour, mais de l'éternité.

Quant aux manquements de simple moralité qui pourront intervenir, nous voyons chaque jour que c'est la moindre affaire. La confession, les prières, les jeûnes, les pénitences variées pourvoiront à votre salut, toute la hiérarchie sacrée ayant pouvoir de remettre vos fautes, et se dévouant même au service de vos intérêts ici-bas quand elle y trouve un avantage.

Est-il besoin de rappeler que si l'ordre de la nature est impuissant à vous procurer l'objet de vos désirs, l'Église fait en maints lieux un abondant commerce de miracles ?

Devine si tu peux, et choisis si tu l'oses !

Entre le prêtre, représentant de la puissance souveraine du monde, et le maître du modeste savoir humain, voilà l'enfant placé. Deux conceptions du monde sont aux prises pour la possession de sa naissante intelligence. Il faut faire un choix, semble-t-il, car elles apparaissent radicalement inconciliables. Notez que, dans la plupart des cas, les parents ont d'avance choisi pour l'enfant, par le baptême, comme leurs parents avaient choisi pour eux. La marque d'une doctrine est sur lui dès son premier vagissement.

Aux époques de foi, cette violence faite au nouveau-né paraissait un élémentaire devoir. Tout s'ensuivait alors, selon l'ordre établi. L'instruction totale était religieuse, accessoirement complétée de quelques éléments de connaissance utiles pour la pratique de la vie. Cela avait un sens. Juste ou fausse, éternelle ou fragile, une harmonie sociale découlait d'une compréhension générale des choses.

Mais voici que ces rudiments méprisés de connaissance, toujours croissant, toujours empiétant sur le domaine de l'inconcevable, finissent par s'ordonner, par se développer en une immense floraison de savoir, produite dans l'investigation du monde, par l'élimination du procédé mental qui se résume en l'ancienne formule : croire. Et voici qu'en même temps les « croyances » n'apparaissent plus que comme les traditionnelles légendes d'un temps où l'homme était tenu d'interpréter, de résoudre provisoirement, d'inspiration, les grands problèmes de sa destinée que les progrès d'une enquête séculaire devaient lui permettre plus tard d'aborder expérimentalement.

Le conflit est fatal : nul ne peut s'y soustraire. Conflit social qui se retrouvera à tous les carrefours de la vie publique et privée, mais nulle part ne s'accusera avec autant d'intensité qu'au foyer paternel, lorsque l'heure viendra pour chacun de transmettre à sa descendance l'héritage d'une mentalité ancestrale plus ou moins modifiée par un effort personnel de culture.

Questions d'intérêts

Et, chose inattendue, à y bien regarder, le conflit des croyances est le moindre. L'ordre établi ne change pas

par la seule raison que les croyances décroissent. Les
gestes du culte, — devenus purement réflexes, — se
transmettent de génération en génération sans que personne ose s'interroger de trop près pour prendre la
mesure exacte de sa foi. Un peu plus, un peu moins de
sincérité dans les manifestations rituelles, la conscience
profonde pourrait seule donner des précisions là-dessus,
et l'on se garde précisément de lui poser la question
d'une façon trop pressante. Les derniers siècles du
paganisme nous montrent ce spectacle dans une aveu-
glante clarté.

De même l'affaiblissement de la foi chrétienne, de nos
jours. Mieux encore, les actes extérieurs du culte
redoublent d'intensité, les superstitions les plus gros-
sières se répandent avec d'autant plus de facilité que
la croyance intime faiblissant, l'esprit retourne incon-
sciemment à la matérialisation de la divinité, au féti-
chisme reçu des ancêtres. C'est que la croyance religieuse a été le point central autour duquel se sont
cristallisés les traditions, les mœurs, les institutions, les
lois, les intérêts constitutifs de la société. Le support
disparu, traditions, mœurs, institutions, lois, intérêts,
se prêtent un mutuel appui, subsistent en vertu de
l'équilibre ancien, et durent jusqu'à ce qu'une nouvelle
doctrine, acceptable par tous, devienne un nouveau
point de cristallisation sociale à son tour.

C'est le problème de notre temps. Beaucoup avaient
pensé que la foi disparue entraînait à bref délai une
reconstitution sociale nécessaire. Il apparaît aujourd'hui
que le phénomène du renouveau ne se produit point
comme par un coup de théâtre. Les traditions, les
mœurs, les institutions, les lois, les intérêts, nés des

anciennes croyances et soutenus par elles, soutiennent maintenant le culte extérieur, en retardent pour un temps la décomposition inévitable.

Les oligarchies du passé, qui n'eurent de raison d'être que par les croyances disparues, s'accrochent désespérément aux étais vermoulus de la construction croulante. *Croire, croire,* c'est le mot d'ordre de leur présent, comme ce fut celui de leur passé. Des âmes simples se rencontrent encore dans les rangs de ceux qui se dénomment chez nous « l'aristocratie », comme ce commandant de Bréon qui, après avoir demandé chaque jour la lumière d'en haut, acquitta Dreyfus malgré la formidable pression de l'esprit de classe. Il n'en est pas moins vrai que nos classes supérieures actuelles, — fort mêlées, — voient surtout dans la religion une puissante organisation de défense au profit des appétits satisfaits contre les appétits à satisfaire.

La bourgeoisie gouvernante s'est emparée du gouvernement grâce à sa promesse réitérée d'ouvrir les voies d'accès à l'ordre nouveau qui se prépare. Mais aussitôt installée au pouvoir, toutes les forces du passé, — traditions, mœurs, lois, institutions, intérêts, — se présentent pour soutenir les maîtres du jour. Quel désintéressement prodigieux, quelle audace pour résister à la tentation de les approprier à son usage ? Les raisons ne manquent jamais, et la masse inorganisée, impuissante à constituer une force d'ensemble, cède, en dépit des révoltes partielles, à l'antique suprématie des choses qui sont.

Je ne dis rien du peuple parce qu'il est *en devenir.* Les prolétaires des grands centres industriels cherchent péniblement leur voie et ne l'ont pas encore trouvée. Les paysans de nos campagnes s'éveillent aux premiers rayons de lumière, mais sont plus lents à se mouvoir.

La liberté de l'éducation

Il va sans dire que l'état d'esprit impliqué par ces situations diverses se manifeste simultanément dans la vie publique et dans la vie privée. De la vie publique, il n'est pas besoin de parler. Les classes supérieures se dépensent en efforts pour attirer la foule aux lieux du culte. Elles y réussissent remarquablement, car il s'agit, pour ceux qui accourent, non de croire et de se comporter en conséquence, mais d'accomplir des rites en public et d'en recueillir le profit ici-bas.

Lorsque ces croyants de tout ordre, dont nul ne peut sonder les cœurs, cherchent à transmettre à leurs enfants les doctrines sur lesquelles se fonde leur vie, qui donc pourrait s'en étonner? Qui s'en plaindra et leur refusera les moyens de tenter de modeler leur descendance à leur image? Ici même j'ai réclamé pour eux cette liberté que leur refuse l'empirisme intolérant de notre bourgeoisie « libre-penseuse », et j'ai trouvé devant moi la contradiction d'hommes de la plus haute culture, lyriques champions d'un ordre nouveau, mais attardés dans les procédés du *compelle intrare* plus séduisants par leur simplicité que les chances lointaines d'une liberté déplaisante.

Les Chambres viennent précisément de voter une loi dont on a fait grand bruit et qui aboutit à ce résultat de violenter les gens pour qu'une doctrine, — toujours la même, — soit enseignée aux enfants par des moines d'un certain habit plutôt que d'un autre. C'est ce prodige d'absurdité qu'on ose nous présenter comme une victoire. Nombre de parlementaires vont plus loin encore dans cette voie, prétendant réserver les fonc- tions publiques aux hommes qui, au lieu d'avoir reçu l'enseignement scientifique et l'enseignement religieux en bloc, les auront reçus séparément, l'un dans l'école et l'autre dans l'Église. Le simple fait qu'on discute sérieusement de pareilles « réformes » montre où la politique dite républicaine en est arrivée.

Unité ou duplicité de l'enseignement

Quoi qu'il en soit, je note que les « hautes classes », conséquentes avec elles-mêmes, réclament l'unité d'en- seignement, et quoique leur enseignement soit à l'op- posé de celui que je rêve, il m'est impossible de ne pas reconnaître que leur principe est juste, tout enseigne- ment digne de ce nom devant être *un*, par définition nécessaire.

Mais, de cela, précisément, notre bourgeoisie gouver- nante ne peut s'accommoder. Réclamer pour ses enfants l'unité d'enseignement positif, c'est à quoi elle ne songe guère. Elle a institué *l'instruction neutre,* qui ne dit ni oui ni non, — ou qui dit oui et non suivant le goût du maître, — sur les questions maîtresses qui dominent la vie, et laisse à chacun le soin d'aller se pourvoir ail- leurs des réponses que tout esprit sincère ne peut faire autrement que de juger urgentes. La même République, d'ailleurs, dont *la Laïque* est la grande conquête, entre- tient à grands frais le temple où un clergé, dûment salarié à cet effet, se charge de résoudre en quelques formules brèves tous les problèmes interdits au pédagogue. Grâce à cet arrangement, où l'hypocrisie des époques de transition peut se développer tout à son aise, chacun de nous peut être libre-penseur ou croyant tour à tour, pour son compte ou pour celui de sa postérité. Laïque à la mairie, et dévot à l'Église au jour de son mariage, le bon bourgeois sceptique, qui ne croit ni à Dieu ni à diable, suivant la formule usitée, tient à donner à son enfant les deux enseignements contradictoires, pour lui laisser le soin de débrouiller plus tard qui de ces deux maîtres, l'un prêchant le *croire* et l'autre le *savoir,* lui a dit mensonge ou vérité.

Interrogez le père sur le démenti qu'il se donne ainsi à lui-même, il répondra que l'école laïque représente sa doctrine et que l'Église représente, pour l'enfant qui sera homme bientôt, un ensemble d'intérêts à ménager pour le succès de cette entreprise hasardeuse qu'on dénomme la vie. Et si le point de vue n'est pas de ceux dont on puisse tirer gloire, le raisonnement n'est que trop juste, ainsi que je l'ai fait voir tout à l'heure.

D'autres fois, le père, plus idéaliste, risquerait l'aventure d'un enseignement unique, tout de démonstration, mais la mère a reçu la tradition des pratiques cultuelles, et sans s'inquiéter trop de ce que son fils pourra croire un jour, elle n'aurait pas de tranquillité d'esprit si l'enfant n'accomplissait pas certains rites *comme les autres.* Elle sait faire valoir à propos la question d'intérêt. Le père cède pour avoir la paix, et par crainte aussi de porter la responsabilité d'une « position manquée » dans l'avenir. Voilà l'enfant entre les deux maîtres qui vont se disputer son intelligence, — le prêtre ayant tout l'avantage, — et le laisseront, tiraillé, fourbu, désorienté, découragé de connaître, se faire une philosophie pratique des seuls moyens de parvenir. Vienne le pesant rhéteur qui lui prêchera la faillite du savoir, l'Église sera là pour le recueillir.

La double pratique

*

Telle est la situation présente. Je ne m'en étonne pas. Je constate et j'explique dans la mesure, de mes moyens. Tout le monde sait que ma constatation ne s'applique pas à l'universalité de la bourgeoisie gouvernante, et que quelques hommes se rencontrent pour donner à leurs enfants l'unité d'enseignement par la démonstration des connaissances positives. Ceux-là sont l'exception rare, car il faut réunir, pour faire front aux préjugés bourgeois, et la hauteur d'idéalisme et la force de caractère.

Aux prêcheurs d'idéal qui ont reculé dans cette entreprise où les attendaient leurs amis, je ne me sens point le droit de jeter l'anathème. Je préfère à Moïse, vouant à la mort les infidèles, la prêtresse Théano, qui refusa de maudire. Seulement je tiens à m'inscrire contre une distinction jugée importante par quelques-uns de mes amis. On nous a donné à entendre que ce n'était pas du tout la même chose d'envoyer un enfant à l'école chez les moines, ou dans quelque collège de l'Université et de là au catéchisme de l'Église.

Pour moi, il m'est impossible de voir la différence. Oserait-on soutenir, sauf pour l'avantage de pouvoir argumenter, que le moine ou la nonne enseignent autre chose que le simple curé ? Clergé régulier, ou séculier, l'enseignement est identique : voilà ce qu'on ne peut nier de bonne foi. Dès lors quel avantage d'avoir choisi le lycée pour son fils au lieu d'une maison de Jésuites, si, en fin de compte, ces élèves des deux maisons se doivent rejoindre au pied des mêmes autels ? Quel avantage, sinon d'illusionner le public, peut-être, ou plus probablement de s'illusionner soi-même ?

Cela, j'avais à cœur de le dire, parce que l'immense majorité de notre bourgeoisie républicaine, faisant parade d' « anticléricalisme », trouve habile de se mettre en règle des deux parts en faisant succéder l'un à l'autre, dans l'esprit de sa progéniture, l'adoration de *la Laïque* et le culte suivant les rites du cléricalisme exécré. J'admets naturellement la pleine liberté de chacun en cette affaire. Mais il est temps de dire que, réformateurs ou révolutionnaires, ceux qui ont recours à la double pratique, pourraient avant de réformer les autres et de remanier la société en tout ou en partie, donner l'exemple, et commencer l'expérience de l'ordre nouveau sur eux-mêmes.

Une société finit. Une société commence. Nous sommes au point de rencontre. En nos âmes se heurtent deux conceptions de la vie, chacune fondée sur un principe qui est la négation de l'autre. *Croire* ou *savoir*. C'est à nous de choisir. Mais nos « classes dirigeantes » refusent de faire le choix. Elles décrètent, par pharisienne hypocrisie, un monstrueux accouplement des deux contradictoires. Il faut bien constater le fait, puisqu'il se dresse fastueusement devant nous. Il n'en est pas moins vrai que ceux là aujourd'hui contribuent plus efficacement que tous autres à détacher l'humanité de l'ancien ordre social, qui osent donner l'exemple de rompre eux-mêmes avec des mœurs de mensonge.

Le progrès humain, quoi que beaucoup puissent

croire, ne saurait résider dans la puissance d'une formule économique et sociale à dégager pour l'appliquer indistinctement aux hommes de toute culture.

L'amélioration de l'humanité est tout entière contenue
dans cette culture elle-même qui permettra de choisir
entre les formules proposées et fera l'adaptation des
hommes au nouvel essai de vie supérieure.

La beauté d'agir

Ce sera le signe de l'évolution la plus belle, lorsque
la majorité des hommes, choquée de la tartuferie qui
se vante d'allier subtilement le *savoir* et le *croire,* en
arrivera, dans l'ordre des connaissances positives, à ce
besoin d'unité de pensée qui fit, dans le domaine des
croyances, la force des premiers chrétiens. De là,
viendra cette unité d'enseignement que nous préparons
avec tant de peine, et, comme conséquence, la vie *une*
ainsi que la voulurent les premières Églises, non plus
en partie double telle que nous la promenons maintenant
du confessionnal au laboratoire.

Ni les premiers chrétiens, ni le Christ, n'ont réalisé
leur rêve. L'esprit de leur enseignement s'est envolé
pour nous laisser un détritus de rites que les simples
considèrent encore comme le christianisme lui-même.

L'amour des hommes, la charité, la solidarité sont
des moyens. Le but, c'est un peu moins de mal sur la
terre. Il faut trouver à ces leviers de l'esprit un point
d'appui plus sûr que l'enfantine promesse des célestes
séjours. Il faut découvrir de la vérité, sur l'univers et
sur nous-mêmes, tout ce que nos facultés nous permettent d'en comprendre. Qu'importent les limites de

l'esprit ? Savoir qu'on ne sait pas, c'est savoir encore, puisque c'est se connaître.

Nous en sommes au point à cette heure qu'un nombre suffisant d'idées sont éclaircies pour que les hommes de sincérité puissent régler sur une compréhension positive une conduite rationnelle de leur vie. Les premiers chrétiens, pour leur foi, se faisaient égorger dans le cirque. Les apôtres de la liberté de penser marchaient d'un pas ferme aux bûchers. On n'en demande pas tant, aujourd'hui, de nos libres-penseurs. Qu'ils agissent simplement comme ils pensent, qu'ils osent affronter le préjugé social jusque dans leur famille, à l'exemple des premiers qui répudièrent les dieux de l'Olympe pour la foi nouvelle. Il n'en faut pas davantage. Si cette foi n'avait changé que les discours, l'Église ne serait pas née, l'Église n'aurait pas pu vivre.

Des paroles, des écrits, nous en avons outre mesure. Le talent de penser et de dire n'est pas ce qui nous fait défaut. C'est d'actes que nous avons besoin pour la leçon de caractère. L'homme capable d'agir a la satisfaction suprême d'avoir donné tout son effort. Il est au-dessus des futiles récompenses humaines. Il est supérieur à la victoire elle-même. L'autre s'arrête à moitié chemin et ne peut manquer d'en souffrir. Beaucoup, qui ne sont pas sans fautes, prennent plaisir à lui jeter la pierre. J'aime mieux lui crier courage !

GEORGES CLEMENCEAU

Dans ce débat poursuivi pour et contre la liberté de l'enseignement, les sénateurs n'avaient pas oublié, mais le public ne s'est pas assez rappelé que M. Lintilhac, ancien professeur de l'Université, aujourd'hui séna-teur, avait occupé une situation politique personnelle importante auprès de M. Leygues, c'est-à-dire auprès du ministre sous qui furent commis les attentats les plus graves aux libertés du personnel enseignant. Nos anciens abonnés se rappellent que nous avons publié en temps utile tout un dossier, mémoires et dossiers pour les libertés du personnel enseignant en France; *mé-moires et dossiers qui occupaient pour ainsi dire tout le quinzième cahier de la deuxième série et que nous avons tenus à jour dans plusieurs cahiers suivants; nous avons particulièrement publié alors tout un* mémoires et dossiers *du cas Hervé; aujourd'hui nous sommes particulièrement heureux de joindre au présent cahier de dossier un article de Hervé publié dans* le Travailleur Socialiste *de l'Yonne sur le cas Dimier; cet article vient en appoint, et même en couronnement aux mémoires et dossiers que nous avons publiés alors; il prend en outre un intérêt singulier au lendemain du jour où le même M. Lintilhac nous vantait, et mena-çait de nous imposer les bienfaits d'un monopole poli-tique parlementaire et gouvernemental.*

Beaucoup de nos abonnés s'étaient demandé quelle attitude Hervé avait prise quand s'était présenté le cas Dimier; le cas Hervé avait tenu dans nos cahiers une si grande et, nous pouvons le dire, une si bonne place, que l'on voulait savoir si Hervé demandait pour un adversaire les libertés communes qu'il avait si hau-

74

*tement et si fortement, revendiquées pour lui-même;
notons qu'en tout état de l'affaire Dimier, le cas Hervé
gardait sa valeur propre ; et même si Hervé avait refusé
pour M. Dimier, simplement avait négligé de demander pour M. Dimier les libertés communes qu'il avait
revendiquées pour lui, le cas Hervé, l'ancien cas Hervé
n'en conservait pas moins son ancienne valeur
propre, intrinsèque, juridique; Hervé pouvait diminuer ;
son ancien cas ne pouvait pas diminuer ; mais tout de
même c'est avec un grand contentement intérieur que
nous avons lu, dans l'article que nous reproduisons
ci-après, que Hervé revendiquait pour un adversaire
exactement les libertés communes qu'il avait revendiquées pour. lui ; on n'attendait pas moins de son bon
sens, de son sens droit, et d'une certaine rondeur et
bonhomie de conscience qui avait beaucoup frappé tout
le monde il y a deux et trois ans; il n'en est pas moins
vrai que la reddition de la simple justice est devenue un
événement si rare dans un pays déformé par les talions
des partis politiques parlementaires qu'on éprouve une
joie presque d'étonnement quand un de ces événements
se réalise, — et qu'on retrouve un vieil ami exactement
au point où l'on espérait qu'il passerait.*

Le Travailleur Socialiste *de l'Yonne, organe de la
Fédération autonome des Travailleurs Socialistes du
département, paraît le samedi matin. S'adresser pour
la rédaction, les abonnements et les annonces à l'admi-
nistrateur-gérant, rue du Puits-de-la-Chaîne, 32,
Sens, et au citoyen Monneret, rue Sous-Murs, 18,
Auxerre. L'article que nous reproduisons ci-après est
l'article de tête, numéro daté du samedi 16 mai 1903 :*

GustAVE Hervé

LE DROIT DES FONCTIONNAIRES

Il ne faudrait pas que, dans son ardeur fort louable à poursuivre la lutte anticléricale, le parti républicain et à sa tête le parti socialiste se laissassent aller jusqu'à des mesures iniques et imbéciles.

Or, c'est à la fois une sottise et une iniquité que vient de commettre le ministre du commerce, Trouillot, ministre intérimaire de l'instruction publique, en frappant d'une suspension de cinq mois, M. Dimier, professeur de philosophie au lycée de Lille, coupable d'être allé, sans ostentation, faire une visite à des Pères maristes qui partaient à la suite des décrets Combes.

Pour être approuvé par l'unanimité de la presse du bloc, y compris *la Petite République* et *l'Action*, cette mesure n'en est ni plus juste, ni plus intelligente.

Que le parti catholique et conservateur demande ou approuve la révocation d'un fonctionnaire, à raison d'opinions politiques manifestées hors de son service, c'est son affaire : il est autoritaire par nature : de la liberté intellectuelle, des droits de l'individu, il s'est toujours autant soucié qu'un poisson d'une pomme, du moins quand l'arbitraire et la violence n'atteignaient que ses adversaires.

Mais que le parti démocratique en fasse autant, surtout que le parti socialiste le suive dans cette voie, c'est

77

là une méconnaissance de leurs principes et de leurs intérêts qui m'afflige et m'inquiète tout à la fois.

Cherchez bien, et au fond de toutes les explications données pour justifier de pareilles mesures, vous trouverez ce principe réactionnaire et bourgeois : « C'est l'État qui le paie ; l'État a le droit de le chasser s'il fait mine de n'être pas de son avis. »

Le fonctionnaire est assimilé au domestique que l'on chasse quand il déplaît à son maître.

Encore nos républicains et nos socialistes de pacotille protesteraient-ils s'ils apprenaient qu'un patron a renvoyé un de ses ouvriers, qu'un maître a chassé un de ses laquais, parce que l'homme sous leur coupe aurait eu l'audace d'avoir une autre opinion politique que celui « qui le fait vivre » ? Ils ne seraient pas les derniers à crier à la violation de la liberté individuelle.

Mais du moment qu'il s'agit de l'État-Patron, et qu'ils se figurent être pour toujours ou pour longtemps les maîtres de cet État-Patron, ils se taisent, ou plutôt ils applaudissent à ses exécutions brutales.

Sur ce point, comme sur beaucoup d'autres, l'éducation du parti républicain est à refaire de fond en comble ; c'est à nos amis socialistes qu'incombe la tâche de rechercher cette mentalité déplorable.

Il faut qu'ils ne se lassent pas de répéter autour d'eux qu'un fonctionnaire, neuf fois sur dix, est entré au service de l'État parce qu'il lui fallait vivre, et qu'il n'est pas libre d'en sortir quand l'État lui déplaît, car le plus souvent il mourrait de faim sur les grandes routes : que le fonctionnaire, s'il est payé, est payé pour faire un service déterminé ; que son salaire n'est pas une aumône ; qu'en acceptant d'entrer dans un service public, il a vendu sa force de travail, son talent, mais il n'a pas vendu sa conscience.

Le professeur Dimier était payé pour enseigner la philosophie à ses élèves. Si sous prétexte de philosophie il a enseigné de la théologie ; si, dans sa chaire, il a déformé les doctrines philosophiques qui lui déplaisent, le matérialisme ou l'évolutionnisme, par exemple, qu'on le frappe ; s'il a fait de la politique en classe, qu'on le traduise devant les tribunaux universitaires et qu'on l'expulse.

Mais le professeur Dimier, pas plus que le professeur Hervé, n'a abdiqué sa liberté de conscience, ni ses droits de citoyen, en prenant la robe universitaire ; si, sincèrement catholique, ayant eu recours au ministère des Pères maristes pour baptiser ses enfants, confesser sa femme, il croit devoir, à l'occasion du départ de ces Pères, leur faire une visite de politesse ou de gratitude, l'État n'a rien à y voir ; je dis même plus ; si, croyant devoir faire cette visite, le professeur Dimier ne l'avait pas faite par peur de déplaire à ses chefs, ce professeur eût été un goujat et un pleutre, en tout cas un éducateur indigne et un triste modèle pour ses élèves.

Que nos amis socialistes se rendent bien compte surtout qu'en applaudissant aujourd'hui à l'exécution d'un professeur catholique, ils se mettent dans l'impossibilité logique et morale de protester demain quand on frappera un professeur socialiste.

Et ce n'est pas seulement au lendemain qu'ils doivent songer, c'est au surlendemain, à l'avenir, à la cité collectiviste que nous voulons instaurer, et où tout le monde sera en quelque sorte fonctionnaire. Si nous ne voulons pas mériter l'accusation que nous adressent déjà nos adversaires de rêver un État-caserne, où il n'y aura plus de liberté pour personne, c'est à nous, dès maintenant, de prouver que nous savons concilier la qualité de fonctionnaire et la complète liberté individuelle, en dehors du service; c'est à nous de revendiquer pour les fonctionnaires, si ennemis qu'ils soient de nos propres idées et quelque douceur qu'on éprouve à frapper un adversaire, le droit, leur travail terminé, d'afficher n'importe quelle opinion religieuse ou politique, qu'elle plaise ou non au gouvernement.

Hors de là, il n'y a qu'arbitraire et despotisme.

GUSTAVE HERVÉ

Jeudi 3 décembre 1903. — Je lis dans l'Aurore de ce matin que le général André, ministre de la guerre, vient de donner l'ordre à MM. Buret et Desemblanc, les survivants du drame d'Argoungou, de rejoindre leur corps avant le 15 décembre, pour les punir, cités en témoignage devant la cour d'assises de l'Yonne par M. Urbain Gohier, d'avoir apporté librement en témoignage le récit des événements sur qui portait le débat. L'ordre ministériel aurait été envoyé le lendemain de l'acquittement. Les politiques parlementaires et le personnel gouvernemental, qui ont tant fait pour déshonorer l'affaire Dreyfus et le dreyfusisme, se croient-ils tenus, non seulement de multiplier les abus, les injustices, mais de choisir, comme exprès, parmi ces abus, parmi ces injustices, exactement celles qui ont un caractère pour ainsi dire techniquement antidreyfusiste.

LES LIBERTÉS

INTERNATIONALES

v.

En même temps que se poursuivait pour et contre la liberté de l'enseignement le débat dont nous constituons peu à peu un dossier, un débat s'engageait, qui se continuera sans doute quelque jour, pour et contre les libertés nationales et internationales; nous réunissons aujourd'hui les premières pièces de ce nouveau dossier; conformément à notre institution, nous publions, après le premier article de M. Clemenceau, la réponse de M. Francis de Pressensé.

L'Aurore *du mercredi 25 novembre 1903 avait publié l'article suivant de M. Clemenceau. M. Clemenceau a pris l'*Aurore *comme rédacteur en chef le lundi premier juin 1903. Depuis le mardi premier décembre dernier, l'*Aurore *est revenue à cinq centimes le numéro pour Paris, la Seine, et le département de Seine-et-Oise; elle est restée à dix centimes pour les autres départements. Depuis la même date elle paraît à six pages le dimanche et toutes les fois qu'il est nécessaire.*

GEORGES CLEMENCEAU

D'ABORD, IL FAUT ÊTRE

Une parole malheureuse de M. de Pressensé a déchaîné un orage à la Chambre. Le député de Lyon ne veut point de revanche pour l'Alsace-Lorraine, et parce qu'il n'en veut point, il n'admet pas que personne puisse sentir autrement que lui-même à cet égard. Cet effort de pensée est vraiment un peu court, et nul ne doit s'étonner des protestations qui sont venues de toutes parts.

Je laisse de côté les nationalistes, dont le jeu ordinaire est de reconquérir les provinces perdues par des effets de facile éloquence, et les clérico-modérés qui, ne pouvant se hausser au pouvoir par la vertu de leurs idées, profitent de toute occasion pour s'offrir aux portefeuilles tant regrettés. Je ne considère que la masse des Français dans leurs dispositions à l'égard de l'Alsace-Lorraine. Si M. de Pressensé a cru exprimer leur opinion, il a vraiment commis l'erreur la moins pardonnable. En cette délicate matière, je m'en tiens, jusqu'à nouvel ordre, à la doctrine de Gambétta : n'en parler jamais, y penser toujours. Mais, s'il faut en parler, — et cela, en effet, arrive quelquefois, — encore devons-nous être attentifs à ne le faire, sous les yeux du conquérant étranger, que pour montrer l'unité du sentiment national sans lequel il n'est point de peuple digne de ce nom. Cette considération, à mon avis, doit dominer toutes les autres, car, pour opérer la rénovation sociale que rêve M. de Pressensé, il faut être et pouvoir demeurer une nation d'abord.

83

Ce n'est pas parce que les nationalistes, faute de posséder les idées fondamentales d'un parti, exploitent et dénaturent un sentiment légitime, que nous devons abdiquer en notre âme toutes les conceptions, toutes les émotions constitutives d'une collectivité pensante, cimentée par les joies et les misères des grands drames de l'histoire. Le progrès humain s'est fait jusqu'à nos jours par groupes nationaux, par patries. Je vois bien que l'évolution de justice dégage lentement la notion idéale de patrie des scories d'iniquité sous lesquelles la violence des hommes l'a si longtemps ensevelie. Je vois bien que le sentiment de la fraternité humaine, proclamé par notre Révolution, s'accroît en nous chaque jour. Mais avant qu'un progrès, d'abord purement verbal, s'accompagne d'actes réellement meilleurs, qui sait de quelles convulsions, de quelles catastrophes sanglantes l'heureuse évolution sera troublée?

On a tout dit sur la folie des armements à outrance. M. de Pressensé croit-il qu'il dépend de nous d'en faire sortir des scènes de bergerie? Si nous désarmons seuls, n'est-ce pas nous livrer? Le désarmement à deux n'a pas de sens. Quel signe entrevoit-il de l'unanimité? Pressensé, qui s'était engagé pendant la guerre, a vu la France gisant éparse sous le talon de l'étranger, et n'ayant plus, pour signe de ralliement, que le drapeau tenu par Gambetta. Prend-il son parti de revoir un nouveau démembrement où, cette fois, notre génie national lui-même pourrait sombrer? Peut-on rayer de l'histoire présente ce qui est, et dire : Le démembrement de la France est non existant? Croit-il que le sentiment de la dignité personnelle soit moins nécessaire à la collectivité qu'à l'individu? Hommes ou peuples peuvent-ils vivre sans honneur ? La France peut-elle feindre de ne pas entendre les cris d'appel des enfants arrachés de ses entrailles ? Qui nous respectera, si nous ne nous respectons pas d'abord ?

M. de Pressensé veut la paix ? Moi, de même, et tous les Français aussi certainement. Nul doute que notre démocratie soit moins disposée que jamais à se jeter, tête perdue, dans une aventure belliqueuse. Cependant notre désir n'est rien sans des dispositions correspondantes au delà de nos frontières. Livrés à leurs réflexions, les peuples sont moins enclins qu'autrefois aux entreprises de violence, — *lorsqu'elles paraissent dangereuses.* Est-ce une raison pour les leur montrer sans danger ? Et puis, l'opinion des peuples compte-t-elle toujours pour quelque chose en pareil cas ? Qui donc en France songeait à la guerre trois semaines avant le coup de folie de Napoléon III ? Peut-on croire que les socialistes allemands pourraient tenir tête à Guillaume II, si la fantaisie lui venait quelque jour de recommencer son « inoubliable grand-père » ?

Il ne suffit pas de bêler la paix. Ceux qui veulent fonder la paix sociale sur la pleine reconnaissance du droit humain, comment peuvent-ils nous recommander une paix entre nations qui aurait pour fondement la méconnaissance du droit primordial des hommes à s'appartenir ? La contradiction est si monstrueuse que je ne puis comprendre comment elle n'a pas arrêté net la formule choquante sur les lèvres de M. de Pressensé. Aujourd'hui vous rayez, de votre autorité, la question de l'Alsace-Lorraine. Vous allez jusqu'à contester aux Français le droit même d'y avoir pensé. Que Guillaume II fasse un pas en avant. Demain il nous faudra,

selon vous, oublier la Champagne, la Bourgogne, que
sais-je encore? Où nous sera-t-il permis de nous arrêter
pour garder quelque chose encore du sentiment français? A quelle colline, à quel ruisseau limitez-vous la
France irréductible? Et vous qui souvent réclamez la
légitimité de la révolte devant la violence faite au droit
des personnes, dites-moi comment vous conciliez cette
attitude avec l'ordre de lâche soumission devant la
violence faite au droit de la collectivité?

L'élimination de la force dans les rapports humains
est le plus noble rêve. L'avons-nous réalisé entre Français? Pas encore. Je crains bien qu'il ne soit encore
plus difficile de le réaliser entre des peuples que tant
d'intérêts opposés, tant de malentendus séparent. Pourquoi ne pas commencer par chercher la solution des
difficultés existantes, au lieu de poser de grands principes généraux pour ne les point appliquer, comme
MM. Delcassé et d'Estournelles, qui instituent l'arbitrage, — *dont nous disposions déjà avant eux*, — pour de
minuscules questions de justice de paix, et laissent à
la violence des armes la solution des dissentiments
périlleux, comme devant. Ministre et député sont très
fiers de cette belle œuvre et ne perdent aucune occasion
de se célébrer eux-mêmes. Regardons-les faire la roue,
pour l'amusement de la galerie. Cependant, « tenons
notre poudre sèche », comme dit l'autre.

GEORGES CLEMENCEAU

L'Aurore *du jeudi 26 novembre publiait la réponse
de M. Francis de Pressensé :*

UNE RÉPONSE

Nous avons reçu de M. Francis de Pressensé la lettre suivante, que nous insérons avec empressement :

Paris, le 25 novembre 1903

Mon cher Clemenceau,

Je peux négliger les attaques plus ou moins violentes ou perfides des nationalistes et des crypto-nationalistes à l'occasion de la parole que j'ai prononcée lundi à la Chambre, qui n'était que le raccourci, — naturellement brutal, — d'un discours applaudi le vendredi par toute la gauche, et qui m'a valu, — comme à ceux qui protestèrent en juillet 1870 contre la guerre, — les fureurs de la droite et les foudres des radicaux : à vous, je veux répondre, parce qu'il ne me plaît pas d'oublier qu'à vos côtés, en butte aux mêmes reproches, j'ai livré un grand combat.

Et d'abord permettez-moi de vous remercier d'avoir, en indiquant d'un mot ce qu'à dix-sept ans, en 1870, j'ai fait pendant la guerre, écarté la monstrueuse calomnie à laquelle se livrent, contre le patriotisme de ceux qui ne pensent pas comme eux sur la politique internationale, des hommes dont beaucoup ne prêchent la guerre que pour autrui et s'abstiennent avec soin de courir le moindre risque pour la patrie. C'est un grossier et très ordinaire sophisme nationaliste que de prétendre que, de ne pas concevoir le rôle de la France comme ces messieurs, c'est manquer à son devoir envers la patrie. En vérité, sur ce terrain de l'accomplissement d'une obligation sacrée, ce n'est pas nous, socialistes, j'ose le dire, qui avons à redouter la comparaison avec les plus bruyants des exploiteurs du chauvinisme.

Ceci dit, je regrette que, faute de vous reporter à l'*Officiel*, vous ayez, — involontairement, j'en suis sûr, — faussé ma pensée et mutilé ma déclaration. Vous dites que, d'après moi, il faut passer l'éponge sur la question d'Alsace et de Lorraine et se résigner d'avance à la perte de la Champagne et de la Bourgogne. J'ai déjà quelquefois trouvé cet argument employé contre moi : c'était sous la plume des scribes de *la Patrie française,* au cours de notre lutte pour la justice. — Or, si vous aviez bien voulu lire le texte intégral de mes paroles, vous y auriez vu : « La France, *qui ne reconnaît pas les atteintes portées au droit des peuples,* ne doit pas s'hypnotiser comme elle l'a fait trop longtemps dans la perspective d'une revanche dont personne ne veut et que personne n'a jamais voulue. » — Cette formule dit toute ma pensée. Oui, il y a eu en 1870, il y a encore une atteinte au droit des peuples : on a disposé, de par la force, du sort d'une population ; malgré elle. Contre cet attentat, la conscience proteste, et elle le fait d'autant plus efficacement qu'elle répudie toute idée de recours aux mêmes moyens et que ce n'est pas au Dieu des batailles qu'elle demande, avec la restauration pure et simple du droit de l'Alsace-Lorraine sur elle-même, la solution d'un douloureux conflit. — Quant à la *revanche*, ce n'est pas seulement l'idée impie et sacrilège que *seule* une guerre peut réparer ce qu'une guerre a fait (et cela seul suffirait à nous enfermer éternellement dans un cycle de guerres sans fin, engendrées les unes des autres); c'est la notion brutale et stupide de la loi du talion appliquée aux relations des peuples : Œil pour œil, dent pour dent : tu as répondu à Iéna par Sedan, je répondrai à Sedan par un nouvel Iéna, — et ainsi de suite. — Je ne crois pas qu'une grande démocratie doive attendre des jeux de la force et du hasard la réparation des attentats au droit. Permettez-moi d'ajouter que la France, dont, notoirement, la force matérielle ne s'accroît pas proportionnellement à celle de l'étranger, a moins encore que toute autre nation intérêt à remettre, au mépris de ses principes, la cause de son droit à l'arbitrage des armes. Et cela est si vrai que nul parmi ceux qui invoquent la *revanche* n'a jamais songé, je ne dis pas à en provoquer, mais même à en saisir les occasions ; chaque fois que la guerre a surgi à l'horizon, tout le monde a tout fait pour en exorciser le spectre. L'alliance russe elle-même, nul ne l'ignore, a été contractée en réalité, non pour préparer la *revanche*, mais pour consolider le *statu quo* et garantir l'*uti possidetis*.

Donc, en fait, nul ne veut, nul n'a jamais voulu de la *revanche*, de l'appel aux armes. Mais tout le monde a feint de la vouloir. Et cette fiction a eu pour conséquence, d'abord de nous engager et de nous retenir dans la voie des armements à outrance, enfin et surtout d'organiser, notre politique intérieure et extérieure autour d'un mensonge.

C'est en représentant notre armée comme toujours à
la veille d'entrer en campagne pour réparer les désastres
de 1870 que l'on a créé l'état d'esprit nationaliste, la
Ligue des Patriotes et celle de la *Patrie française,* déchaîné le militarisme, avec le culte de la caste militaire,
le maintien des conseils de guerre, tout le cortège de
crimes et de folies dont l'*Affaire* nous a donné
l'effrayant et écœurant spectacle. C'est ce mensonge qui
a pesé sur nos affaires étrangères, en faisant accroire à
la foule naïve que la Sainte Russie nous apportait la
revanche dans le creux de la main du tsar et que nous
n'avions donc rien à lui demander et tout à lui donner
en échange.

Quant à moi, au risque d'être, non seulement outragé
par les nationalistes, mais aussi mal compris et mal
jugé par des hommes comme vous, j'ai la conviction,
en combattant la *revanche,* de servir et la cause de la
France, et celle de cette Alsace et de cette Lorraine
qu'il ne s'agit pas de reconquérir de force, mais
auxquelles nous voulons rendre le droit inaliénable
des peuples sur eux-mêmes.

Je n'ajoute qu'un mot : si je croyais que la *revanche*
est vraiment la forme nécessaire du patriotisme, je me
couperais la main plutôt que de parler, même vague-
ment, de désarmement et de paix ; je me garderais
comme d'un crime de combattre le militarisme, sans
lequel une grande guerre heureuse ne se conçoit même
pas, et je me rangerais docilement derrière M. Paul
Déroulède, seul champion logique de la vraie doctrine.
Il n'est qu'une politique qui me semble inintelligible :
c'est celle de ceux qui, tout en répétant, — en *bêlant,*
puisque le mot est de vous, — les formules de tolstoïsme

pacifiste et christicole, professent la nécessité, — non des revendications imprescriptibles de la conscience, — mais de la *revanche* brutale, du talion barbare. Et je m'étonne que des hommes qui ont eu, eux aussi, à souffrir des calomnies du chauvinisme imbécile, viennent grossir, même une heure, le chœur des patriotes professionnels contre des socialistes coupables de croire que la justice ne se fait pas à coup d'injustices et que la paix ne sortira pas de la guerre.

Croyez, je vous prie, mon cher Clemenceau, à mes sentiments dévoués.

FRANCIS DE PRESSENSÉ,
Député du Rhône

L'*Aurore du vendredi 27 novembre publiait l'article suivant de M. Clemenceau :*

CONTRE LA RÉSIGNATION

J'ai lu avec l'attention qu'elle mérite la réponse de Pressensé. Si j'avais mis en doute l'amour du député de Lyon pour sa patrie, je lui en exprimerais bien volontiers mes regrets. Mais je n'ai rien dit ni insinué qui pût conduire à cette conclusion. Il s'agit entre nous de savoir comment l'amour des Français pour leur pays peut et doit le plus heureusement se manifester. Là-dessus je ne puis que constater notre désaccord.

Pressensé allègue que, dans la phrase même à laquelle je refuse mon adhésion, il a protesté contre *« les atteintes portées au droit des peuples »*. Gérault-Richard, de même, qui appuie la réponse de Pressensé, me demande si la belle protestation de Jaurès est venue à ma connaissance. Oui, certes, je reconnais que Jaurès et Pressensé ont protesté formellement. La différence entre eux et moi, c'est que, lorsqu'ils ont protesté, ils se croient en règle avec eux-mêmes et avec la France, et, passant à d'autres sujets de conversation, prétendent nous interdire toute préoccupation de rentrer dans notre droit, de notre propre effort, si jamais la chance nous en est offerte par la destinée. C'est à cela que, pour ma part, je ne souscrirai jamais.

La protestation de l'impuissance aux abois a tout

justement la valeur d'une parole au vent. La protestation d'un homme ou d'un peuple qui veut survivre à sa
défaite, — loin d'être l'ultime convulsion d'une défail-
lance suprême, — doit apparaître comme le premier
sursaut d'une énergie révoltée. C'est en quoi ma protestation diffère profondément de celle de Pressensé.
Ou plutôt je ne proteste pas, je n'ai pas besoin de protester si ma protestation ne doit être qu'une procédure
verbale pour me soumettre, tête basse, à la brutalité
d'un dominateur. Je ne proteste pas, je ne me dépense
pas en paroles vaines. Silencieusement, méthodique-
ment, je tends l'effort de ma pensée, de mes actes, vers
les réparations de l'avenir. Pressensé veut les attendre
de la paix. Personne plus que moi n'en serait heureux.
Mais je considère l'état de l'Europe, et partout je
découvre d'immenses préparatifs, — dans des proportions inconnues jusqu'ici, — pour d'autres entreprises
que de pacification, et force m'est bien d'accepter une
situation qu'il ne dépend pas de moi de changer.

Je ne consens pas à affaiblir mon pays. Je prétends,
au contraire, accroître sa force militaire, non pas par
le « militarisme », auquel mon contradicteur prétend me
condamner (car le militarisme des armées de parade
nous a précisément fait Sedan), mais par un meilleur
emploi de nos hommes et de notre puissance budgé-
taire dont nos grands chefs galonnés, depuis le retour
de Sedan, n'ont fait qu'organiser le gaspillage en maintenant les abus qui sont une source éternelle de
faiblesse pour l'armée. Je veux l'armée contrôlée, criti-
quée, disciplinée, incessamment rappelée à ses devoirs,
que trop de chefs oublient, non l'armée des pronuncia-
mientos à la façon de M. Déroulède, ou de la justice

par ordre, selon les Billot, les Mercier. Je veux l'armée
forte, par l'organisation rationnelle, par le travail, par
l'élan des vertus civiques et des ardeurs guerrières
dont notre Révolution donna l'admirable spectacle et
que je me reprocherais d'affaiblir par un mot imprudent
qui pourrait décourager les uns, désorienter les autres.
C'est pourquoi lorsque Pressensé croit triompher de
moi en ne me laissant de choix qu'entre lui-même et
M. Déroulède, il me permettra de répondre en prenant
modestement place parmi la presque universalité des
Français, qui ne veulent point la guerre, qui ne feront
rien pour la provoquer, mais qui entendent que la
France demeure prête pour les redoutables éventua-
lités que la plus élémentaire prudence commande de
prévoir.

Je ne crois pas que Pressensé puisse trouver une
phrase écrite ou parlée où j'aie prêché « la revanche »,
car j'ai toujours pensé qu'il y avait mieux à faire. Cela
ne m'a pas empêché d'avoir toujours présente à l'esprit
la fatalité d'un retour du droit vaincu. Pressensé n'a
envisagé que l'hypothèse d'un duel entre l'Allemagne et
la France. Les questions de politique extérieure lui
sont trop familières pour qu'il ne sache pas qu'une solidarité d'intérêts, terriblement enchevêtrés, pourra
mettre quelque jour en présence des coalitions diverse-
ment formées. Ne croit-il donc pas qu'un tel jour, —
dont il ne dépend ni de lui ni de moi de provoquer ou
d'arrêter la venue, — doive nous trouver en disposition
de revendiquer notre droit? Pour moi, je n'hésite pas à
répondre par l'affirmative. Est-il d'avis, au contraire,
que notre devoir, alors, sera de nous croiser les bras et
de laisser se former en Europe une puissance mon-

strueuse de domination militaire dont nous serons, sans avoir même eu l'honneur d'une résistance, les sujets asservis? Eschine voulait qu'Athènes se soumît au Macédonien. Pressensé condamnerait-il donc Démosthène? Athènes fut vaincue. Au moins elle avait lutté, elle n'avait pas abdiqué l'honneur de son nom, la dignité de son caractère. Et son effort ne fut pas perdu, puisque la révolte, dont elle a donné l'exemple jusque dans sa décadence, fait partie de ce noble patrimoine d'humanité où nous puisons encore des forces d'impulsion vers un avenir meilleur.

Oui, j'ai eu à souffrir, comme vous dites, du chauvinisme imbécile, et je suis fier, autant que jamais, d'avoir mérité ses outrages, et Pressensé, dès demain, me trouvera prêt à recommencer. Mais quel homme serais-je si des considérations de personnes pouvaient m'influencer dans un pareil débat? Il s'agit, non de moi, mais de la patrie que je cherche à servir à mon rang, dans la conviction que tout effort désintéressé lui sera finalement profitable. Ce sentiment est celui de Pressensé, j'en suis sûr. Il croit servir la France mieux que moi en subissant avec résignation la violence faite au droit, après une protestation *pro forma* dont il n'entend tirer aucune conséquence. Moi, je dis que le droit vaincu n'est jamais vaincu tant qu'il y a, pour le représenter, des hommes qui ne se résignent pas. Je dis que la paix, voulue de Pressensé, comme de moi-même, ne se fonde, pas plus dans l'ordre social que dans l'ordre international, sur la violence de l'iniquité. J'ai sollicité la contradiction de Pressensé sur ce point, je ne l'ai pas obtenue. J'ai demandé à Pressensé pourquoi il admettait la révolte de l'opprimé dans l'ordre social et non dans l'ordre international. Il ne m'a pas répondu. J'ai demandé à Pressensé où serait la limite de sa protestation passive, s'il se révolterait pour la Champagne, la Bourgogne, l'Ile de France. Il ne m'a pas répondu.

La Pologne est écrasée, démembrée. Pressensé lui permet la protestation résignée, mais qu'elle n'essaye pas de revivre ! Les Danois arrachés de leur patrie par la Prusse pourront se dépenser en protestations éloquentes, non essayer de se reconquérir. Les Arméniens, les Macédoniens, — après quelles tueries ! — se révoltent contre l'oppresseur, et Pressensé lui-même propose que la France vienne à leur secours par une procédure diplomatique qu'il dépend de la volonté du sultan de faire aboutir à la guerre. Et nous, ces mêmes Français qu'on pousse à l'action pour la Macédoine ou l'Arménie, nous n'aurions qu'à demeurer passivement inertes lorsqu'il s'agit de l'Alsace-Lorraine ! Lafayette ira rejoindre Washington combattant pour l'indépendance, nous tirerons le canon à Navarin pour la Grèce, la France versera son sang pour aider à la délivrance de l'Italie, mais s'il n'est question que de deux provinces françaises, on ne nous permettra point de prévoir que cet incident puisse avoir dans l'avenir une répercussion militaire. Car il faut que « quelqu'un commence » à se résigner, et si, en « commençant », nous ne faisons que nous offrir à de nouvelles violences, nous continuerons de donner cours à notre résignation, ornée d'une rhétorique de protestation.

Eh bien, cette politique, je n'en suis pas, je n'en puis pas être, parce qu'elle ne me paraît pas pouvoir aboutir à autre chose qu'à l'établissement d'une vaste hégémonie militaire du peuple ou des peuples qui ne se résigneront pas. Dans le monde où nous vivons, le droit, sans l'appui de la force, n'est qu'un cri de vaincu. Je le regrette autant que Pressensé, mais je ne puis changer ni l'homme, ni l'histoire, pas plus celle d'hier que celle de demain. Aux Polonais, aux Danois, aux Italiens « non rachetés », aux Grecs, aux Bulgares, aux Arméniens, Pressensé pourra prêcher la résignation de l'Évangile. Ils ne se soumettront pas, et les Français pas davantage. Et je les loue hautement de cette virile fierté.

GEORGES CLEMENCEAU

L'Aurore *du samedi 28 novembre publiait l'article suivant de M. Clemenceau :*

LA PAIX

Après la visite du roi d'Angleterre à Paris, le voyage des parlementaires anglais achève de révéler un notable et très heureux changement dans la disposition des esprits des deux côtés de la Manche. Le banquet du Grand Hôtel, où se sont rencontrés de nombreux membres des deux parlements, — et non des moindres, — met le sceau à cette cordiale entente des personnes qui doit précéder celle des gouvernements.

Les Français ne voyagent pas et vivent dans le dédain de la géographie. C'est un de leurs grands défauts, car, dans l'impossibilité de toute comparaison, il leur est aussi difficile de se connaître eux-mêmes que de porter un jugement équitable, en connaissance de cause, sur les peuples voisins. Et comme les Français eux-mêmes, délivrés de la monarchie, ont pris possession de leur propre gouvernement, on conçoit que la mentalité qui dérive d'un tel état de choses ne va pas sans d'assez grands périls.

Les Anglais, eux, parcourent toute la terre, visitent toutes les mers, tous les continents, et s'installent même partout où ils trouvent leur chance. Ils connaissent certainement la planète mieux qu'aucun autre peuple du monde. Si j'avais besoin d'un renseignement sur la partie la plus ignorée du globe, c'est à Londres assurément que je l'irais chercher. La France est un chemin naturel au départ de tous ces voyageurs. Ils y passent, ils la visitent, quelques-uns même s'y arrêtent. Le spectacle de nos villes les retient un moment, et l'on en rencontre qui, après un séjour plus ou moins prolongé, se donnent la peine d'écrire sur nos mœurs. Cet effort de l'Anglais sur la France est assurément supérieur à celui du Français sur l'Angleterre. Et pourtant la différence des conceptions est telle, que je suis enclin à croire quelquefois que c'est précisément sur l'état d'esprit des Français que les habitants de la Grande-Bretagne ont le moins de notions précises. Ils viennent en France, soit pour traverser le pays, soit pour se reposer de leurs travaux dans un isolement salutaire, soit pour vivre entre eux dans le dessein d'échanger des pensées sur notre compte sans se mêler à notre vie.

Il faut dire que l'accès du foyer français est incroyablement fermé. En Angleterre, aux États-Unis, la moindre carte de recommandation vous ouvre la maison, vous met en relations cordiales avec toute la famille. En France, pour une lettre apportée d'un ami, on échangera des visites, enguirlandées de toutes les formules de la courtoisie, on consacrera une journée, une soirée au voyageur, et puis bonsoir. Il n'est pas très aisé, dans ces conditions, de se pénétrer réciproquement, de se connaître. Quand les Français se seront décidés à sortir de chez eux pour voir le monde, je ne doute pas qu'il n'en résulte un accroissement, plutôt tardif, de leurs qualités hospitalières.

En attendant ce jour lointain, tous ceux de nos compatriotes qui ne s'hypnotisent pas aux souvenirs de la guerre de Cent Ans s'estimeront heureux qu'une noble caravane, de parlementaires anglais aient répondu avec tant d'empressement à l'appel d'amitié qui leur vint, il y a quelques mois, d'un certain nombre de nos députés et de nos sénateurs. N'est-il pas du commun avantage que des représentants autorisés des deux peuples, — ceux-là mêmes qui prennent une part directe au gouvernement de leur pays, — échangent leurs impressions, comparent leurs sentiments, se sollicitent réciproquement l'esprit sur les différentes questions à l'ordre du jour? Cette partie de l'œuvre de M. d'Estournelles de Constant est particulièrement digne de louanges.

La réception des parlementaires anglais à Paris n'a certainement pas été au-dessous de là réception des parlementaires français à Londres. Nous leur avons offert le dessus du panier. M. le président du conseil a prononcé d'excellentes paroles sur l'arbitrage. M. Berthelot, en un remarquable discours, a formulé la condamnation historique de l'impérialisme, ce qui, dans les circonstances actuelles, est fort loin d'être négligeable. Ce m'est un plaisir tout particulier de citer le passage où se trouve exposée, en un puissant raccourci, la situation européenne :

Messieurs,

L'état de l'Europe est, en vérité, déplorable. Depuis que les événements de 1865 à 1870 ont déchaîné de nouveau le vieux droit de la force et de la conquête sur les capitaux acquis par le travail et, ce qui est plus cruel, sur le sol et sur les habitants de différents États, chaque nation s'est sentie menacée et chacune s'est armée jusqu'aux dents, sur terre et sur mer, grossissant ses efforts jusqu'à l'épuisement des finances et stérilisant l'énergie de ses jeunes concitoyens, dans la fleur de leur âge et de leur activité, pour la consacrer au service militaire. Nous nous sommes mis ainsi hors d'état de réaliser ces rapides progrès de richesse et de bien-être général que nos frères d'Amérique, exempts de semblables charges, accomplissent sous nos yeux. Mais ce n'est encore là que le moindre danger. Qui ne frémit à la moindre pensée de l'heure où l'infatuation d'un souverain ou bien l'orgueil blessé d'une nationalité égoïste déchaînerait toutes ces armées, toutes ces flottes, les unes contre les autres. L'opinion publique recule devant l'horreur d'une semblable catastrophe, et c'est là peut-être aujourd'hui la garantie la plus sûre contre son accomplissement.

En attendant, chaque nation s'efforce de se couvrir par des alliances, des ententes, des amitiés préservatrices. La France s'est alliée à la Russie et fortifiée par l'amitié de l'Angleterre et de l'Italie ; l'Allemagne s'est alliée à l'Autriche et à l'Italie, à l'aide de traités qui semblent impliquer une sorte de protectorat. La Russie s'est alliée à la France et elle a conservé en même temps la pratique de ses ententes traditionnelles avec l'Allemagne.

Au milieu de cet entrelacement de liaisons diverses par leur nature et par leur enchaînement, il devient heureusement bien difficile à tout gouvernement isolé de provoquer une grande conflagration. Elle tend à être arrêtée dès l'origine par la menace des contre-coups sur les alliés et amis, communs actuellement à l'agresseur et à l'attaqué. L'opinion publique, aujourd'hui si puissante chez les peuples civilisés, ne permettrait d'ailleurs que bien difficilement d'agir, même à ceux qui pourraient se prévaloir d'un isolement qui les soustrairait à tout engagement formel pour accomplir un semblable attentat contre les volontés de l'humanité.

Certes, il ne faudrait pas interpréter notre amour de la paix comme une abdication de nos sentiments d'honneur et de dignité nationale. Dans l'Europe de l'avenir, telle que nous la rêvons, le désarmement ne saurait être le témoignage unilatéral de l'humiliation d'une nation isolée : pour être accepté, il doit être universel.

Georges Clemenceau

Jaurès, en coquetterie d'éloquence, s'est piqué d'offrir à nos hôtes le régal d'une envolée de lyrisme comme il n'en est pas de plus belle. Ce qui ne l'a pas empêché de dire une parole politique nécessaire en déclarant que le rapprochement anglo-français, dépourvu d'arrière-pensée, ne se faisait contre personne au monde. Ce fut une belle journée pour la paix. Tâchons de lui faire un lendemain.

Georges Clemenceau

P. S. — Cependant, le tsar, initiateur de la conférence d'arbitrage et d'une proposition de réduction des armements, s'emparait (sans arbitrage et sans désarmement) de la Mandchourie. Ce n'est pas, non plus, par l'arbitrage et le désarmement que lord Curzon opère au Thibet. Beaucoup de marge encore de l'intention au fait !....

G. C.

Le Bloc, *première année, numéro 47, daté du dimanche 15 décembre 1901, avait publié l'article suivant, qui fait partie intégrante de ce dossier :*

PRO DOMO

Jaurès ne me répond pas sur les trente millions des moines. En revanche, bien qu'il ait notablement évolué depuis lors, il lui vient rétrospectivement une envie de prendre la défense de la politique de Jules Ferry contre l'opposition radicale de ce temps et en particulier contre le signataire de ces lignes.

Jaurès ne traite pas de la politique d'empirisme opportuniste à l'intérieur. Il la défendait alors comme il la défend aujourd'hui, aidant de tout son pouvoir à la pratiquer sous la direction de M. Waldeck-Rousseau.

C'est la politique extérieure de Jules Ferry que Jaurès se reproche de n'avoir pas défendue alors avec assez d'énergie. Depuis ce temps, il est devenu socialiste révolutionnaire, et ce n'est pas moi qui m'étonnerai jamais d'un développement de mentalité qui l'honore. Seulement, je crois apercevoir que si son idéal a changé, sa conception de pratique est demeurée la même. Je ne le lui reproche pas davantage, car je sais qu'on ne pourra trouver sous ses paroles aucune vue d'intérêt particulier puisqu'il cherche uniquement l'avantage de ses idées. Cela rend la discussion bien facile entre nous puisqu'il ne s'y mêle aucune question de personnes.

Il pourra croire, à la vérité, que, consciemment ou

non, j'éprouve quelque ennui à reconnaître mes fautes.
Il commettra une assez grande méprise si telle est sa
pensée. Je vois que pour donner à sa politique une
unité qui est hors du débat il tient à mettre du socialisme jusque dans sa « modération » de jadis, — semblable par tant de points à sa « Révolution » d'aujour-
d'hui. Je ne contesterai point là-dessus. Pour moi, je
serais désolé si quarante ans d'expérience ne m'avaient
rien appris. Je n'ai pas changé d'idéal, mais je me
glorifie d'avoir modifié mes conceptions politiques sur
un grand nombre de points. Il n'aurait donc nul effort à
me demander pour obtenir de moi la confession de mes
erreurs. La seule condition nécessaire est dans l'assentiment de mon intelligence, et l'argumentation de Jaurès est bien loin d'avoir produit ce résultat.

Le rapprochement de la France
et de l'Allemagne

Le point de départ de l'affaire est un discours de
M. Massabuau dans lequel ce député nationaliste a loué
M. Jules Ferry à la tribune, d'avoir voulu l'alliance
franco-allemande. D'anciens *revanchards* professionnels que nous les avons connus, les nationalistes en
sont venus là, et M. Déroulède lui-même, après avoir
mis l'honneur de son « patriotisme » à saccager les
brasseries où se débitait la bière allemande, a tranquil-
lement ajourné aux ultimes calendes le retour de l'Alsace-Lorraine à la patrie française, — jadis point central
et unique raison d'être de son programme d'action.
M. Charles Ferry a cru devoir protester contre l'assertion
de M. Massabuau, et affirmer, — ce qui est la vérité, —

que son frère était resté fidèle à l'Alsace-Lorraine française. Or, c'est cette déclaration précisément qui a sus-
cité le curieux commentaire de Jaurès, où je me trouve
courtoisement pris à partie :

Pourquoi donc, écrit Jaurès, M. Charles Ferry proteste-
t-il si fort contre ceux qui prêtent à son frère l'idée d'un
rapprochement avec l'Allemagne? Ce sera au contraire, un
titre d'honneur pour Jules Ferry d'avoir compris que les
allures fanfaronnes étaient sans dignité et qu'il fallait pratiquer avec l'Allemagne une politique de paix sans intrigue
et *sans arrière-pensée.*

Ce texte surprendra tous ceux qui ont cru voir une
assez grande distance entre une politique de simple
dignité et « les allures fanfaronnes » de professionnels
de la « revanche ». Comment Jaurès peut-il penser que
ce soit « un titre d'honneur» pour Jules Ferry d'avoir
imploré le secours de Bismarck contre la Chine, acte où
nous vîmes une atteinte à la politique de fierté nationale préconisée par nous à l'égard de l'empire allemand?
Comment encore peut-il concilier l'allégation que Jules
Ferry fut exempt d'«arrière-pensée » dans sa politique
de rapprochement de la France et de l'Allemagne avec
cette constatation « qu'il ne s'élevait pas au-dessus de
la politique de « revanche » ?

Par l'effet de son mirifique « socialisme», qui n'est pas
sans rencontrer des critiques sévères jusque dans son
propre parti, Jaurès, lui, plane à cette hauteur, et des
sommets de la pensée humaine il lance une condamnation universelle sur les malheureux empêtrés dans les
marécages du patriotisme vulgaire. Il me sera permis
d'en appeler, car le jugement me paraît, en vérité, trop
sommaire.

Jaurès, qui reproche à M. Massabuau de n'avoir pas le sentiment des nuances, trouve commode, pour exécuter les radicaux de 1885, de ne pas distinguer entre le patriotisme pur et simple et « le patriotisme de théâtre », « les allures fanfaronnes », le « chauvinisme aveugle », « les vantardises dangereuses », etc., etc. Jules Ferry a dit à Jaurès : « Il ne faut pas faire avec l'Allemagne la politique du poing dans la poche. » « Et il avait bien raison, ajoute Jaurès, une attitude de mauvaise humeur sournoise et de bouderie impuissante était indigne de la France. » Qui donc a jamais demandé rien de pareil au gouvernement français ? Il est trop facile, vraiment, de prêter à ses adversaires, pour les confondre, des sentiments qui ne furent jamais leurs. L'écrivain socialiste lui-même pourrait découvrir une notable différence entre une « attitude de mauvaise humeur sournoise » et le fait d'aller humblement demander l'appui du chancelier de fer pour tenir la Chine en échec afin de pouvoir faire subir aux Tonkinois, par le secours de l'Allemagne, le sort même que nous avions éprouvé des Allemands.

Socialistes de gouvernement et radicaux

Jaurès rappelle la fameuse dépêche du livre jaune qui dénonçait l'attitude humiliée du gouvernement français au regard du chancelier de fer, et parlant des huées dont les radicaux l'accueillirent (devant lesquelles il regrette de n'avoir pas défendu Jules Ferry) il n'aperçoit dans la répudiation d'un acte de mendicité politique qui blessait au plus vif toute fierté française qu'un « *orage nationaliste venant de la gauche* ». Tout

ce qu'il y peut voir c'est une préparation du boulan-
gisme. «Je n'aimais pas, ajoute-t-il, la méthode agressive
et destructive de l'extrême gauche, qui devait conduire
à des mouvements césariens ou au néant.» Dans la
bouche de M. Méline ou de M. Waldeck-Rousseau,
cette phrase aurait un sens. Sous la plume de Jaurès,
« destructeur » (?) de la société bourgeoise, je suis
obligé de constater qu'elle semble de rhétorique pure.
Peut-être cette réponse classique des opportunistes aux
radicaux lui sera-t-elle revenue en mémoire telle qu'il
l'entendait alors formuler chaque jour par ses compa-
gnons de bourgeoisie conservatrice. Il la trouvait
logique alors. L'habitude est cause qu'elle lui a semblé,
même après un si grand changement de point de vue,
n'avoir rien perdu de sa valeur.

Ou bien encore se plaît-il à transposer l'argument de
son ancienne doctrine modérée au socialisme constructeur qu'il professe actuellement. Quand il nous
reproche de détruire sans remplacer, (on croirait
entendre Thiers ou Dufaure), il expliquera sans doute
que son blâme vise notre impuissance à nous élever
jusqu'à « l'affirmation socialiste ». Nous avions tort
contre Jaurès quand il était bourgeois parce que nous
n'étions pas alors, ce qu'il n'était pas plus que nous :
révolutionnaires. L'aventure est plaisante, mais elle le
paraît bien davantage si Jaurès prend sérieusement
pour une affirmation politique la proclamation d'une
espérance. L'induction marxiste, quoi qu'on puisse dire,
n'est encore qu'à l'état de prophétie, et si Jaurès cède
à l'innocente manie de tous les prophètes qui se croient
de vision supérieure au reste des humains, il ne s'ensuit
pas du tout que la France soit prête à le suivre, et je le

vois si combattu dans son propre parti que je me demande, s'il peut croire vraiment qu'il suffise d'affirmer pour avoir droit au titre de constructeur.

Les hommes qui se sont montrés plus modestes, et, ne se sentant pas de taille à refaire la société, bien qu'il soit toujours aisé de se proclamer novateur, se bornaient à recommander aux modérés, amis de Jaurès (qui ne voulurent pas les entendre), les solutions politiques et sociales de la Révolution française aux lieu et place des solutions monarchiques que Jules Ferry, comme Waldeck-Rousseau aujourd'hui, s'attachait à maintenir, ne méritent peut-être pas tant de dédain de la part de celui qui les juge aujourd'hui trop timides mais pourrait leur témoigner plus d'indulgence en songeant qu'il leur trouvait trop d'audace naguère.

Ne se moqueraient-ils pas tout simplement de nous, quelques-uns de ces édificateurs sublimes qui nous rayent de leurs papiers comme simples « destructeurs » et se contentent, avec l'aide de Jaurès, quand ils sont au pouvoir, de radicaliser très humblement, avec des atténuations d'opportunisme admirées de tous les connaisseurs. J'ai souvent demandé ce que le « socialiste » Millerand avait fait comme ministre que le plus modeste radical n'eût pu faire. On ne m'a jamais répondu, et pour cause.

Quant à l'accusation produite contre la politique radicale par Jaurès, de conduire « à des mouvements césariens ou au néant », je n'y puis voir qu'un retour inconscient à la phraséologie opportuniste qui lui fut chère. Comment ceux qui furent maintenus dans l'opposition par une entente inconstitutionnelle de la présidence et des politiciens opportunistes pourraient-ils être responsables de la situation politique créée apparemment par ceux qui occupaient les postes d'action gouvernementale. Dans ce beau raisonnement ce seraient les hommes dont on n'a pas voulu suivre les avis qui porteraient le poids des réalités politiques qu'ils condamnèrent et dont nous subissons les conséquences. L'anarchie des esprits qui a produit le réveil du césarisme viendrait, non de ce que les républicains au pouvoir se sont cantonnés dans les institutions de la monarchie au lieu de revenir à l'organisation de la Révolution française, mais de ce que des républicains leur ont signalé le péril d'annoncer chaque jour la République et de ne pas la faire.

Est-ce le socialiste Jaurès sous la plume de qui une telle argumentation se rencontre ? Lui qui veut simplement révolutionner le monde, ne comprend-il pas que les « réformes sociales », quelles qu'elles soient, ne pourront germer et fructifier que dans le bon milieu de culture produit par le fonctionnement régulier des institutions politiques de justice et de liberté ? Ne voit-il pas que le désappointement des électeurs, qui attendaient une ère de réformes et ne l'ont pas vue venir, est imputable à ceux qui ont refusé les réformes, non à ceux qui les ont demandées ? Or, ce désappointement, il n'a pas le droit de l'ignorer, est ce qui a produit le mouvement césarien. Et lorsqu'il essaye de laver ses chers opportunistes de la faute qui les condamne, que fait-il lui-même sinon de s'employer à maintenir le mal dont nous souffrons en détournant le pays des hommes qui peuvent ouvrir la voie aux transformations sociales de l'avenir. Que fait-il sinon de nous laisser en proie, d'une part, aux politiciens qui refusent de substituer les tra-

ditions républicaines aux traditions de la monarchie
(voir le discours de M. Waldeck-Rousseau sur la nécessité de faire avancer 30 millions aux Chinois par les
contribuables, — discours approuvé par Jaurès), et
d'autre part, aux socialistes qui annoncent, — de bonne
foi sans doute, — un état économique nouveau qu'ils ne
sont pas en mesure de réaliser? Quoi de plus propre à
perpétuer dans le pays le désordre mental qui ne montre
de salut que dans la dictature?

La politique coloniale et ses conséquences

L'un des grands ressorts de l'opportunisme pour
détourner le pays des réformes intérieures fut les expéditions lointaines engagées successivement au petit
bonheur, (1) auxquelles on a voulu donner, par la dénomination de « politique coloniale », une apparence de
conception d'ensemble. Comment ces entreprises ont

---

(1) Il n'y a jamais eu aucun plan de politique coloniale. En théorie, après la guerre, tout le monde était pour « la politique de
recueillement », et ceux-là mêmes qui se laissèrent engager dans
l'aventure tonkinoise ne formulaient pas d'autre doctrine à la tribune.
A propos d'un article de M. de Broglie, dans la *Revue des Deux
Mondes*, j'écrivais dans *le Journal*, à la date du 9 juillet 1896 :
« A l'heure même où M. Challemel-Lacour déclarait au nom du
gouvernement que la « *concentration de nos forces est la première
« condition de notre sécurité* », et « *qu'il ne nous est pas permis de
« songer à une conquête du Tonkin qui ne présenterait pas de grandes
« difficultés, mais qui serait absolument stérile* », nous nous lancions
— pour nous arrêter, nul ne peut prévoir où — dans les aventures
coloniales qui aboutissaient à « disséminer sur des points épars du
« monde les ressources de toute nature qu'un intérêt supérieur nous
« fait la loi de concentrer sur un seul. »
Et je citais ce passage de l'article de M. de Broglie :
« Je ne demande pas s'il est résulté pour nous de cette expansion,
ou plutôt de cette enflure de puissance si largement dessinée sur le

été conçues et exécutées, je ne veux pas le redire. S'il plaît à Jaurès d'oublier ce que le Soudan, le Tonkin et Madagascar nous ont coûté en hommes et en argent, c'est son affaire. Pour quel avantage, il serait bien embarrassé de le dire.

Il écrit, à la vérité, la phrase suivante : « Jules Ferry ne pouvait pas engager la France au Tonkin et à Madagascar et l'exposer en Europe à un conflit avec M. de Bismarck. *En ce sens, la politique coloniale de la France a servi, dans cette période incertaine, la paix de l'Europe.* » Qu'est-ce à dire ? La République, nouvellement proclamée, n'avait-elle donc d'autre occupation concevable, aussitôt les républicains au pouvoir, que de se ruer sur l'Allemagne, avec qui elle ne pouvait songer à mesurer ses forces, ou de se venger sur les hommes noirs ou jaunes (par la seule raison qu'elle était plus forte qu'eux) du mal que lui avaient fait les Allemands et qu'elle se trouvait hors d'état de leur rendre ? Jamais je n'aurais attendu de Jaurès un pareil argument.

Pour nous, à ce moment, le besoin le plus urgent était la réforme intérieure. Ferry se proposant, avant tout, de détourner l'attention publique de la réforme intérieure, sa politique avait un sens. Mais Jaurès !

---

papier, une force et une ressource qui puisse suppléer à un degré quelconque à celles qui nous ont été enlevées. Ce serait se moquer de faire une telle question, et l'ironie en telle matière serait inconvenante. Les plus satisfaits ne peuvent prétendre même à préciser le jour où l'on pourra tirer de nos possessions nouvelles, soit une recrue pour notre armée, soit une recette pour notre budget.

« ... Or, est-il vraiment chimérique de supposer qu'une guerre éclate en Europe, qui menacerait peut-être de deux côtés à la fois une frontière dont une face, au moins, est devenue si peu sûre, et rendrait nécessaire de garder sous la main la totalité de nos forces ? Ne se reprochera-t-on pas alors, d'en avoir égrené même des parcelles à toutes les extrémités du monde à la fois ? »

Jaurès !... Jaurès qui se félicite d'un effroyable massacre d'hommes jaunes et noirs accompli par nous (au prix de quelle démoralisation militaire) pour leur prendre leur patrie, à l'heure même où nous protestions le plus haut contre le droit de *tous* les Français à la patrie française ! Jaurès proclamant que Jules Ferry « a eu le courage de rompre avec le chauvinisme tapageur et superficiel », quand c'est Jules Ferry lui-même qui a été le premier rénovateur du militarisme en donnant aux *panachards* des occasions faciles de se mettre en posture de héros vainqueurs. Jaurès accusant les radicaux d'avoir combattu la politique coloniale par des « appels chauvins », quand il lui suffirait de lire à l'*Officiel* la discussion dont il parle pour découvrir que c'est contre nous-mêmes que sévissaient désespérément toutes les passions chauvines qu'il met à notre compte !

Peut-il ignorer que Georges Périn, protagoniste dans ce grand combat, que moi-même avec tous mes amis, Camille Pelletan en tête, étions chaque jour traités de mauvais patriotes, outragés en pleine Chambre comme n'ayant pas le sentiment de « l'honneur national » et des devoirs qu'il impose? Admirable rencontre, ce fut précisément pour répondre à cette accusation, venue d'un des plus grands seigneurs de l'opportunisme, Eugène Spuller, que je fus amené, — *pour ma défense,* — à parler à la Chambre de la dépêche dont la lecture, et non la rédaction, contriste si fort aujourd'hui même le Jaurès actuel, compagnon politique de Millerand et de Waldeck-Rousseau.

Au moment où je constatais (séance du 24 décembre 1885) que le peuple français se laissait trop souvent mener avec des mots et des déclamations de chauvinisme, M. Spuller m'interrompait superbement pour dire : « En France l'honneur n'a jamais été un mot. » C'est alors, alors seulement, que réduit à prouver que ma conception de l'honneur national n'était pas inférieure à celle de M. Spuller, je me vis obligé de faire allusion à la dépêche du livre jaune où M. Jules Ferry implorait « le précieux concours » de M. le prince de Bismarck.

Cette dépêche, je ne voulais pas la lire. M. Jules Ferry lui-même m'invita à le faire, parlant de son banc avec mon autorisation expresse. Jaurès écrit : « *Il essaya en vain de s'expliquer de son banc, il fut acculé sous l'orage nationaliste qui venait de gauche* ». J'en suis fâché pour Jaurès, mais cette description est d'invention pure. Jules Ferry demanda à parler de son banc. Ce fut seulement pour me prier de lire la dépêche. Et le document lu, après une explication sommaire, il demanda la parole, et fut inscrit pour me répondre. Seulement quand son tour de parole arriva, (Voir le *Journal officiel du 25 décembre, page 391*) M. Jules Ferry ne se présentant pas à la tribune, MM. Paul de Cassagnac et de Baudry-d'Asson lui rappelèrent à deux reprises qu'il avait demandé la parole, sans pouvoir obtenir de lui un mot d'explication. On voit combien l'interprétation de Jaurès est loin de la vérité.

Faut-il ajouter pour ma défense, que dès le mois de novembre *(Voir la séance du 27 novembre)* je montrais comment la politique coloniale nous entraînerait à réclamer « *le concours* » (le mot est à l'*Officiel*) de M. de Bismarck. « Il est un ennemi dangereux, disais-je. Il peut être un ami plus dangereux encore. » Et après avoir rappelé qu'il nous avait montré Tunis au Congrès de Berlin pour nous brouiller avec l'Italie et faire sa Triplice contre nous, j'ajoutais :

Peut-être nous a-t-il fait plus de mal dans la paix que dans la guerre. Dans la guerre, il y avait le sentiment de la communauté d'efforts pour résister à l'envahisseur ; après la défaite, le sentiment commun du relèvement par le travail, le désintéressement, le sacrifice. La dignité du vaincu était intacte parce que le droit demeurait intact, grâce aux efforts du parti républicain !

Dans la paix, l'incertitude de l'avenir, l'instabilité, le sentiment que tout l'édifice de la paix dépend d'un caprice impossible à prévoir, les tentations de la politique de proie, le mauvais exemple de tous ceux qui se ruent vers la puissance et vers la force, ont agi sur les peuples, sur les gouvernements. Vous le savez bien ! De là l'énervement, les divisions, l'impuissance, les appétits éveillés : le voisin prend, on veut prendre ; d'où l'affaiblissement du sens moral, le droit sacrifié, la politique nationale dénaturée.

On s'est trouvé ainsi, sans s'en être aperçu, sans jamais y avoir pensé un seul instant, avoir compromis ce qu'il fallait sauvegarder par dessus tout dans le pays, à savoir la dignité, l'indépendance, l'honneur national. Voilà la conséquence d'une première faute.

Voilà le danger de l'abandon de la politique de recueillement. Ah ! je reconnais que vous n'avez pas pu faire autrement du jour où vous êtes entré dans la politique d'action au dehors. Du jour où désertant l'Europe, vous vous êtes jeté sur l'Afrique, sur l'Asie, vous étiez condamné à subir, en Europe, *le concours*, la protection auxquels vous ne pouviez vous soustraire.

La « politique coloniale » l'emporta. Le sort en fut jeté. Ainsi les grandes réformes urgentes furent ajournées, si bien qu'à quinze ans de là elles attendent toujours.

La réforme militaire, qui eût changé l'esprit monarchiste et clérical des grands chefs de l'armée en appropriant notre instrument de défense à l'organisation républicaine. Je n'ai pas besoin de rappeler que le maintien de l'État-Major de la Jésuitière, si remarquablement inférieur à sa tâche en 1870, nous a donné l'affaire Dreyfus dont l'effet fut de nous mettre devant l'Europe en misérable posture.

La réforme administrative qui, à l'organisation despotique de l'an VIII, devait d'abord substituer l'organisation de liberté républicaine.

La réforme religieuse que Jaurès, avec MM. Waldeck-Rousseau et Millerand, entreprend d'accomplir par les moyens où échoua la monarchie, tandis qu'on écarte la seule solution de justice et de liberté qui donna sept ans de paix cultuelle à la France jusqu'au concordat de 1801 : la laïcisation complète de l'État.

La réforme financière, dont l'urgence est attestée par l'aggravation démesurée des impôts qui écrasent les travailleurs, c'est-à-dire notre production d'ensemble, en même temps qu'ils paralysent la prolificité de la France. Aux dépenses nécessaires du nouvel outillage s'ajoutent encore tous les abus de la monarchie, comme le prouve trop bien la pitoyable attitude du général André, dans l'affaire des émoluments illégitimes qu'il maintient à l'immonde Billot, sans comprendre, toute autre question écartée, que son premier devoir est d'arrêter partout le gaspillage. Nous sommes le pays du monde le plus chargé d'impôts, nous sommes le pays du monde où l'impôt est le plus mal réparti, et l'organisation financière de la monarchie est énergiquement défendue par les « républicains de gouvernement ». Cependant, nul n'ignore que nous sommes au

bout de notre capacité contributive et que la continuation du système actuel prépare une catastrophe dont
on ne saurait mesurer les conséquences.

La réforme économique d'un système qui ajoute à
l'énormité des impôts d'État, légitimes dans leur principe, l'énormité scandaleuse des impôts payés aux par-
ticuliers, qui, par les droits de protection ou les primes
(trois cent millions, rien que pour les sucres), renché-
rissent dans des proportions inacceptables les denrées
nécessaires à la vie.

Les réformes sociales enfin, non pas avec toute l'am-
pleur souhaitée de Jaurès et de nous-même assurément,
mais encore très acceptables si l'on voit ce qui s'est
fait dans l'empire allemand pour la protection du
travail, et la sécurité du travailleur par le moyen des
assurances. Nous y venons lentement.

Et quand on nous présente, pour grande amorce électorale, une loi sur les retraites ouvrières, quel est
l'obstacle, ô Jaurès! sinon la difficulté de trouver la
somme nécessaire. Lorsque vous faites cette constatation douloureuse, ne vous arrive-t-il pas, en bon socialiste souffrant des misères du peuple, de regretter le
milliard et demi, pris aux contribuables pour faire
mourir par milliers nos Français de la fièvre, en mas-
sacrant leurs frères d'Afrique ou d'Asie? Ne serait-ce
pas mieux que de glorifier Jules Ferry pour ce haut
fait?

Peut-être l'argument sentimental ne vous touche-t-il
pas. Un jour, il émut la Chambre, lorsque ce même
Frédéric Passy, qui vient de recevoir le prix Nobel pour
la propagande de la paix, prit noblement, à la tribune
française, la défense de ces Asiatiques sur qui nous

n'avons d'autre droit que le droit du plus fort. Il rappela aux représentants du peuple conquérant, inventeur des « droits de l'homme », que ces Jaunes étaient des hommes comme nous, qu'ils avaient des femmes, des enfants comme nous, des foyers qui leur étaient chers, comme nous, une patrie à laquelle ils étaient attachés, comme nous, et le même droit à la vie, et le même droit à la justice. Sur tous les bancs les applaudissements éclatèrent. Puis, cet hommage rendu à l'idéal, la République gouvernementale reprit par le fer et le feu son développement de conquête. Jaurès, devenu socialiste, a-t-il donc oublié la belle leçon qui passa sur lui sans l'atteindre, au temps où il rendait son culte à « la République bourgeoise ? »

Un milliard pour le Tonkin seul, cinq cent millions pour le Soudan, Madagascar, le Congo, le Dahomey, la Côte-d'Ivoire, (1) quelle charge supplémentaire, sans parler du sang qu'ils ont fourni, pour ces travailleurs de l'usine et des champs qui font si légitimement aujourd'hui l'objet de votre principal souci !

Un placement de père de famille ! disait Jules Ferry,

---

(1) Je ne dis rien de l'Algérie qui ne nous a pas coûté jusqu'ici moins de cinq milliards. « Nous avons dépensé cinq milliards dans notre colonie algérienne », disait *le Temps,* dans son numéro du 30 septembre dernier, et le même journal constatait aussitôt que, dans cette colonie payée si cher, l'élément français allait être bientôt submergé par l'élément étranger. Le dernier recensement (1896) donne au premier 258.000 âmes contre 296.000 au second.

Dans ces dernières années, le chiffre du Budget colonial a été de 80 millions environ, (81 au budget de 1899), auxquels il faut ajouter toujours une *dizaine* de millions de crédits supplémentaires.

Dans la discussion du Budget de 1899, Pelletan, rapporteur général, disait :

« Votre budget colonial est une anomalie si extraordinaire, qu'il dépasse non seulement le budget du peuple qui dépense le plus après vous pour ses colonies, mais encore les dépenses accumulées hors d'état de comprendre, faut-il croire, que la véritable conquête aujourd'hui, est de commerce, non de guerre, et que les expéditions guerrières, par le surcroît de dépenses qu'elles entraînent, élèvent le prix de la main-d'œuvre, chargent la production, et ferment ainsi les débouchés qu'on se proposait d'ouvrir.

Jaurès espère-t-il qu'il lui sera donné de voir, avant de mourir, l'amortissement des milliards dépensés, qu'il faut bien attendre apparemment avant de parler des bénéfices du placement père de famille ? Hélas ! on ne peut pas même parler d'amortir quand nous augmentons chaque jour nos dépenses coloniales, pour le plus grand profit du commerce anglais et allemand. (1)

La question de la revanche

Ma réponse ne serait pas complète si je ne m'expliquais franchement avec Jaurès, sur la question qu'il soulève incidemment dans l'article auquel je réponds, mais qu'il a franchement précisée dans un article sub-

---

et additionnées de tous les peuples qui ont des colonies. Vous dépensez, à vous seuls, plus que le reste du monde, et près du double pour vos colonies... »

(Séance du 17 janvier 1899)

Pour Madagascar seulement le budget de 1901 a prévu une dépense de 30 millions. Le premier budget établi, après la conquête, était de 10 millions seulement. Voilà le « progrès ».

Un soldat au Soudan coûte annuellement 1.500 francs, chiffre déjà considéré comme formidable. A Madagascar 1.725, chiffre donné par M. Le Myre de Vilers dans son dernier rapport.

(1) Notre « succès commercial » à Madagascar est uniquement dû jusqu'ici aux tarifs prohibitionnistes qui ferment purement et simplement la porte à la concurrence étrangère. Est-ce un signe de force ou de faiblesse de la France, selon Jaurès ?

séquent de *la Petite République*. Je veux parler de la
« revanche ».

Jaurès écrit :

Surtout rien ne pourra abolir, rien ne pourra rayer de
l'ordre du jour de la France cette question vitale : Voulons-
nous être un peuple de guerre ou un peuple de paix ? Et la
grandeur de notre pays exige-t-elle qu'il retrouve, même
par la force, les frontières perdues en 1870 ? Ou exige-t-elle
au contraire qu'il répudie définitivement toute pensée
d'agression militaire et qu'il propose à l'Europe le désarmement simultané des nations ? Est-ce à la politique de la
revanche ou à la politique de la paix que nous devions
nous rallier ? Voilà, encore une fois, le problème qui nous
presse et qu'aucune habileté n'éludera, qu'aucune brutalité
ne supprimera.

C'est en vain que les timides et les prétendus hommes
d'État croient échapper au problème en réservant l'avenir.
Écoutez-les : « Non, ils ne veulent pas la guerre; non, ils
ne veulent pas de provocations; mais il faut que le pays de
France maintienne ouvertes ses revendications, qu'il se
tienne prêt à saisir les occasions favorables que lui appor-
tera l'histoire. » Ainsi, ils rusent avec leur propre conscience et avec leur propre pensée. Ainsi, ils essayent de
se dérober aux responsabilités. Vaine tactique ! car cette
politique d'attente, c'est, au fond, la politique de revanche,
mais timide et sournoise.

Dire qu'on réserve l'avenir, c'est dire qu'on déclarera la
guerre à l'Allemagne le jour où les circonstances permet-
tront d'espérer le succès. C'est donc prolonger l'état de paix
armée et d'universelle défiance. C'est imposer à la France
et à l'Europe le fardeau des armements continus; c'est
fournir à Guillaume II et à ses hobereaux le prétexte, ou
un des prétextes dont ils ont besoin, pour maintenir le
militarisme prussien contre la démocratie allemande et le
socialisme allemand. C'est donc assumer toutes les charges
et tous les périls de la politique de guerre sans se donner
au moins l'espérance d'un prompt dénouement. C'est la
pire de toutes les solutions équivoques, épuisante et éner-

vante. C'est l'attente à demi humiliée, à demi fanfaronne
où notre pays a usé depuis trente ans une large part de sa
force matérielle et de sa force morale.

...Ils *(les treize membres du conseil supérieur de l'instruction publique qui ont voté contre le retrait d'emploi dans
l'affaire Hervé)* ne se sont pas laissé émouvoir en une
question où charlatans et dévots de patriotisme créent si
aisément des malentendus par l'indignation factice des
uns, par le préjugé fanatique des autres. En cette question
de la patrie et de l'armée, dont on veut faire une idée
réservée, un sanctuaire impénétrable, une enceinte de
mystère et de terreur dont l'ombre barbare protégerait au
loin la violence, le meurtre et la ruse, ils ont maintenu les
droits de la liberté, c'est-à-dire les droits de l'esprit, l'esprit
n'étant que la liberté.

...Le patriotisme à forme militaire est devenu une sorte
de religion, et la « revanche » un rite mystérieux et sacré
qui devait s'accomplir un jour dans les profondeurs de
l'avenir.

...Si les lecteurs de *la Petite République* me le permettent
et me prêtent une attention assez soutenue, je voudrais
m'expliquer ici, pour nos amis et pour nos adversaires,
sur notre conception de la patrie, sur le rôle de la France
d'aujourd'hui et de demain, sur la politique de revanche,
sur le désarmement, ses conditions et ses moyens, et aussi
sur l'organisation provisoire de notre force défensive jusqu'au jour, que nous pouvons faire prochain, de la paix
générale et certaine.

J'ai cru devoir faire cette longue citation pour ne
pas m'exposer à trahir la pensée de Jaurès. Puisqu'il
annonce son intention de donner bientôt à ces grands
problèmes le plein des développements qu'ils lui
paraissent comporter, je ne ferai, à son exemple, que
prendre position à mon tour, et j'attendrai pour une
plus complète discussion qu'il nous ait exposé l'ensemble de sa thèse.

Je découvre d'abord qu'il s'obstine à confondre les simples patriotes français, dont j'ai la prétention d'être, avec les sectateurs de « la religion de la revanche » dont les « appels chauvins », loin d'ajouter à notre force, nous mettent devant l'Europe railleuse en attitude de fanfaronnade impuissante. Jaurès m'accordera, je pense, que mon langage n'a jamais prêté à cette interprétation. Les chefs du « nationalisme » pourraient me servir de caution à cet égard. Je ne suis pas davantage de ceux « qui rusent avec leur propre conscience, avec leur propre pensée ». Je suis sûr de chercher la vérité en parfait désintéressement d'esprit, mais aussi, je n'en fais point mystère, avec une spéciale appréhension de l'erreur, en une matière où le raisonnement fautif peut avoir de si graves conséquences.

Je hais la guerre d'une haine que je ne crois pas inférieure à celle de Jaurès, mais je crois qu'il ne dépend pas de nous, comme il paraît le croire, de décréter la paix universelle demain. Tout ce que nous savons de l'histoire nous montre le genre humain livré à l'arbitrage de la force, et je crois bien que dans la Salente future les lois décrétées par les prophètes du socialisme eux-mêmes auront pour *ultima ratio* une contrainte organisée. Eh bien! vraiment peut-on croire, quand nous n'entrevoyons pas encore de moyen *théorique* de supprimer la force dans le monde, quand Jaurès lui-même en est à féliciter Jules Ferry de l'écrasement des hommes jaunes par les soldats de la République française, que l'esprit humain, façonné par un nombre incommensurable de siècles, se transformera du jour au lendemain, pour diriger son activité dans un sens directement contraire, par la seule raison qu'on lui aura montré la supériorité de la paix sur la guerre? Hélas! le courant d'atavisme, jusqu'à ce jour irréductible, ne peut se remonter par la seule puissance de la raison pure. Combien moindre l'effort demandé aux anticatholiques pour se séparer de la religion romaine! La plupart cependant n'y peuvent réussir. « L'inconscient », par sa redoutable inertie, résiste trop longtemps aux efforts de la volonté.

Il ne peut dépendre de nous, quels que soient nos paroles et nos actes, de changer l'état de l'Europe, ni même, — sinon après un temps qui échappe au calcul, — sa mentalité. Encore nos dispositions pacifiques pourraient-elles nous exposer à de tels périls, que Jaurès lui-même est obligé de se résoudre « provisoirement » à la constitution d'une force « défensive ». Agissons dès aujourd'hui, pense-t-il, le temps fera son œuvre. Ainsi je pense. Mais avant d'agir, je demande à me rendre compte de toutes les données du problème.

Or, j'aperçois d'abord que tout le progrès humain s'est fait par un développement de « patries », et bien que je puisse concevoir un jour où toutes ces patries se fondront, bien que je puisse même souhaiter ardemment la venue de ce jour et vouloir y contribuer dans la mesure de mes moyens, il faut être simplement aveugle pour croire que les hommes d'aujourd'hui s'orientent de ce côté. Jaurès m'épargnera sans doute une démonstration trop facile.

La constatation faite, je considère ma patrie et celles qui l'entourent, et je les juge, dans ce sentiment supérieur au nationalisme étroit, que la France est encore nécessaire à l'humanité. Alors je trouve que la France ne vit pas seulement d'économie sociale, mais qu'une conception de sa fierté, de sa dignité, incompatible avec la soumission avilie à la force, est fatalement constitutive de son être, avec l'accompagnement inévitable d'une sentimentalité correspondante. Eh bien, je le demande à Jaurès en toute sincérité, quand nous entendons, de l'autre côté des Vosges, chaque jour, les plaintes des Français qui furent arrachés par la force de la mère-patrie et qui sont opprimés, comme Français, dans leur liberté de penser, de dire, de vouloir, que devons-nous répondre, nous qui n'avons pas pu conjurer ce malheur, à nos fils frémissant du désir de secourir leurs frères sous la botte de l'oppresseur? Que répondra Jaurès? Et s'il propose aux Français de se résigner chrétiennement, que ne dit-il dès à présent aux Boers de demander l'aman à l'Angleterre, aux Polonais de présenter leurs enfants aux fouetteurs de Guillaume II, aux Finlandais de s'aplatir sous le talon du Tsar, à la faiblesse partout de se rendre à la force en implorant merci?

Afin de lui donner tous ses avantages contre moi, je lui déclare franchement qu'en ce qui me concerne j'ai déjà fait la réponse, le jour où conduisant mon fils, encore enfant, en Suisse pour lui faire apprendre l'allemand, je lui montrai l'Alsace en lui disant que c'était une terre française, en dépit des soldats allemands, et que son devoir était de donner un jour son sang, s'il était nécessaire, pour refaire la patrie démembrée. Que chacun enseigne ses enfants à sa manière...

J'entends bien que Jaurès alléguera : « En ce cas,

qui commencera l'œuvre de paix? » Je réponds : Tous ceux qui s'acharnent à démontrer que le droit est supérieur à la force brutale, et que nous devons nous mettre, pour cette raison, en mesure de le défendre. Si Jaurès n'est pas de cet avis, qu'est-ce donc qui l'empêche de se rendre à la prédication évangélique de Tolstoï et de commencer par licencier son armée « provisoire » de défense? Il sait bien qu'il aboutit, par là aussi, à perpétuer la violence, car il ne peut ignorer à quelles larges interprétations se prête le droit de « défense ».

Pour moi, qui ne crois mériter aucune des épithètes malsonnantes dont Jaurès accable les Français qui n'ont point oublié l'Alsace-Lorraine, j'estime que c'est à ceux qui ont fait le mal de le réparer, pour l'œuvre de paix universelle, que je suis capable de rêver aussi bien que mon contradicteur. Que n'emploie-t-il son éloquence à éveiller la conscience des oppresseurs, à leur faire honte de leurs méfaits, au lieu de s'en prendre aux victimes pour leur prêcher le renoncement à tout ce qui fait la dignité de l'âme humaine? Il est trop contraire à la vérité de nous représenter comme embusqués, au coin d'un bois, pour guetter « sournoisement » l'innocente Germanie. Depuis 1871, l'Allemagne a le pied sur nous : ce n'est pas la même chose. En dépit de Jaurès, je vis et je mourrai, Français et républicain socialiste, dans l'espoir de la délivrance.

GEORGES CLEMENCEAU

LE BLOC

LE BLOC, gazette hebdomadaire rédigée par Georges Clemenceau, a paru du 27 janvier 1901, inclus, au 15 mars 1902, inclus. M. Georges Clemenceau signait *le Bloc* à titre de *rédacteur-gérant.*

Les numéros parus en 1901 portent, outre leur date, la mention : première année, *et sont numérotés de 1 à 49.*

Les numéros parus en 1902 portent, outre leur date, la mention : deuxième année, *et sont numérotés de 1 à 11.*

La collection complète se compose donc de 49 + 11 = 60 numéros.

Le prix du numéro était de 0 franc 50. Le prix des abonnements était, pour la France et les Colonies, un an, vingt francs; pour l'Étranger, un an, vingt-cinq francs.

M. Louis Lamaud, qui travaillait au Bloc sous la direction de M. Clemenceau, et qui est aujourd'hui rédacteur à la nouvelle Aurore, a bien voulu établir pour nos cahiers le relevé numérique du Bloc. *Il en reste à l'heure actuelle :*

80 collections complètes ;

135 collections de la deuxième année;

et un certain nombre de numéros pour le réassortiment, de la première année seulement, dont nous publions le détail numérique avec le catalogue sommaire.

Nous nous sommes rendus acquéreurs de ces collections et de ces numéros ; nous sommes assurés que les unes et les autres ont une grande valeur, et que cette valeur ne pourra que s'accroître à mesure que les collections et que les numéros s'épuiseront ; nous les mettons en vente au bureau des cahiers aux conditions suivantes, qui sont des conditions économiquement justes :

Les cinquante premières collections complètes seront vendues vingt francs l'une, ce qui, pour soixante numéros, constitue un prix légèrement inférieur au prix de l'abonnement même ;

Les vingt collections complètes suivantes, c'est-à-dire les vingt avant-dernières collections complètes, seront vendues trente francs l'une ;

Les dix collections complètes suivantes, c'est-à-dire les dix dernières collections complètes, seront vendues quarante francs l'une ;

sous cette réserve qu'au moment où il ne nous restera plus de ces collections complètes qu'un nombre

égal au nombre qui nous restera de collections complètes des cahiers à la même date, ces collections
complètes du *Bloc* seront jointes respectivement aux
collections complètes des cahiers et vendues avec elles
inséparablement pour un prix global que nous déterminerons alors.

Les cent premières collections, — complètes, — de la
deuxième année seulement seront vendues cinq francs
l'une ;

Les trente collections suivantes de la deuxième année
seulement, c'est-à-dire les trente avant-dernières collections, seront vendues huit francs l'une ;

Les cinq collections suivantes de la deuxième année
seulement, c'est-à-dire les cinq dernières collections,
seront vendues dix francs l'une.

Aucun numéro de la deuxième année n'est mis en
vente en dehors des collections.

Les numéros de la première année qui existent encore
en dehors des collections seront vendus au prix que
nous marquons au catalogue sommaire.

*M. Lamaud a bien voulu établir pour nos abonnés le
catalogue analytique sommaire des soixante numéros
parus ; ce catalogue n'avait jamais été établi :*

LE BLOC. — Catalogue analytique sommaire des articles de tête, et des principaux autres articles.

Numéro **1**. — Sans date, paru le 27 janvier 1901.

Une gravure de Steinlen.

Inventaire. — Évolution de la nation française, plus spécialement étudiée à l'occasion de la crise de l'affaire Dreyfus. Opposition du droit des hommes à faire leur destinée, et de la conception théocratique de gouvernement. L'intérêt supérieur de la République, nouvelle raison d'État. Le ministère et la loi d'amnistie : « Je n'ai rien contre MM. Waldeck-Rousseau et Millerand que d'avoir trahi leur parole ».

Le Jésuite de l'État-Major. — Le rôle du Père Du Lac dans l'Affaire Dreyfus. La collusion Du Lac-Boisdeffre. Entrevue Du Lac-Reinach. La collusion Du Lac-Waldeck-Rousseau.

en dehors des collections, 140 exemplaires, dont les cent premiers o franc 50, les vingt suivants o franc 80, les vingt derniers un franc.

Numéro **2**. — dimanche 3 février 1901.

Toute la liberté. — Critique de la loi, présentée par M. Waldeck-Rousseau, sur les associations. Autorisées ou non autorisées, les congrégations se valent : la loi républicaine ne peut les reconnaître. *Défense de la liberté d'enseignement.*

Encore le Jésuite de l'État-Major.

en dehors des collections, 96 exemplaires, dont les quatre-vingts premiers o franc 50, les dix suivants o franc 80, les six derniers un franc.

Numéro **3**. — dimanche 10 février 1901.

En Chine. — La révolte des Boxers provoquée par les agissements de nos missionnaires. Comment les armées européennes ont fait régner l'ordre à Pékin. Les responsabilités de l'évêque Favier.

Le malfaiteur confondu (le Jésuite de l'État-Major).

en dehors des collections, 90 exemplaires, dont les soixante premiers o franc 50, les vingt suivants o franc 80, les dix derniers un franc.

Numéro **4**. — dimanche 17 février 1901.

La thèse de Jaurès (Suite à l'article du numéro 2 : *Toute la liberté).* — L'opportunisme des socialistes de gouvernement. Opposition du droit républicain et de l'existence des congrégations. La liberté d'enseignement et la liberté d'assistance à sauvegarder.

L'amnistie criminelle (le Jésuite de l'État-Major).

Les remplaçantes : la pièce de Brieux, la question des nourrices.

en dehors des collections, 93 exemplaires, dont les soixante premiers o franc 50, les vingt suivants o franc 80, les treize derniers un franc.

Numéro **5**. — dimanche 24 février 1901.

En vue des élections. — Examen de la situation politique, en vue des élections législatives du printemps 1902. Le président Loubet, partisan de la république des moines. Tendance du ministère à fuir au lieu de combattre, tactique renouvelée de l'amnistie de l'affaire Dreyfus.

Boisdeffre et la défense républicaine (le Jésuite de l'État-Major).

Nos missionnaires : les Jésuites de Shanghaï exploitent des « maisons de tolérance ».

en dehors des collections, ce numéro est complètement épuisé.

Numéro **6**. — dimanche 3 mars 1901.

Les accapareurs. — Un M. Brabant, spéculateur à la baisse sur les sucres, mis dans l'impossibilité d'exécuter ses engagements par deux accapareurs, par M. Cronier, et par M. Jaluzot, des Grands Magasins du Printemps, et des journaux : *la Presse* et *la Patrie*, député, lesquels s'étaient emparés de toutes les quantités disponibles sur le marché, pour faire la hausse. Examen de la législation sucrière : le système des primes à l'exportation, primé à l'accaparement ; le trust des raffineurs.

Le procès Henry-Reinach (le Jésuite de l'État-Major).

en dehors des collections, 90 exemplaires, dont les soixante premiers o franc 5o, les vingt suivants o franc 8o, les dix derniers un franc.

Numéro **7**. — dimanche 10 mars 1901.

La Justice militaire. — Gallifet, partisan d'une refonte complète du code de justice militaire : les délits de droit commun soumis, en temps de paix, aux tribunaux ordinaires. Le projet Leydet : extension des circonstances atténuantes aux articles du code militaire. Examen détaillé de la justice militaire en Allemagne : des juges versés dans la connaissance du code, des pénalités moins sévères.

Les Folies-Doumer : l'administration du gouverneur général de l'Indo-Chine ; *l'âge d'or...* pour les entrepreneurs.

en dehors des collections, 25 exemplaires, un franc l'un.

Numéro **8**. — dimanche 17 mars 1901.

Gouverner, c'est prévoir. — L'empirisme de nos gouvernants. La dérision de la loi de M. Waldeck-Rousseau sur les associations : les congrégations subsistent. Les retraites ouvrières ne sont pas votées. Le gâchis politique, dû à l'impuissance d'agir.

Mentiris impudentissime : la maison de tolérance des Jésuites de Shanghaï.

en dehors des collections, 55 exemplaires, dont les quarante premiers o franc 80, les quinze derniers un franc.

Numéro **9**. — dimanche 24 mars 1901.

« **Tu ne tueras pas** ». —Sur le refus du service militaire. Des *Doukhobors* de Russie au Français Gontaudier. Contradiction universelle entre les paroles de pacification et l'organisation militaire du meurtre. La résistance : l'anarchiste Vaillant et le système de la révolte ; le chrétien Gontaudier et la non-participation au mal. L'évolution lente : *« Et puis, ceux d'entre nous qui sont pressés, ceux qui veulent absolument voir l'Eden avant que de mourir, n'ont qu'à faire comme le Doukhobor... »*
L'Aveu : la maison de tolérance des Jésuites de Shanghaï.
Acculé dans sa bauge (le Jésuite de l'État-Major). Aveu involontaire du Père Du Lac.

en dehors des collections, 20 exemplaires, un franc l'un.

Numéro **10**. — dimanche 31 mars 1901.

La Révolution en Russie. — Opposition du Tsarisme et de la nation russe.
Toujours la liberté. — A René Viviani. Le discours du « Bloc », lors de l'interdiction de *Thermidor*, aux Français. Conciliation de la théorie du « Bloc » et de la liberté de l'enseignement.
Le coup de la fin (le Jésuite de l'État-Major). — Confirmation de M. Joseph Reinach.

en dehors des collections, 13 exemplaires, un franc l'un.

Numéro **11**. — dimanche 7 avril 1901.

Une proposition d'arbitrage. — La tentative de M. Thomas Barclay : un traité d'arbitrage franco-anglais. *L'impérialisme* universel. La paix, intérêt commun des
peuples.
Le menteur confondu : la maison de tolérance des Jésuites
de Shanghaï ; confirmation par un témoin.

*en dehors des collections, 22 exemplaires, un franc
l'un.*

Numéro **12**. — dimanche 14 avril 1901.

Sous-marins. — Historique des bateaux sous-marins. Ce
que coûtent les gros cuirassés, chers à M. de Lanessan.
Les gaspillages de la marine.

*en dehors des collections, 16 exemplaires, un franc
l'un.*

Numéro **13**. — dimanche 21 avril 1901.

France et Russie. — Le voyage en Russie de M. Delcassé.
Qu'y va-t-il faire ? Le nationalisme russe. La question de
la Mandchourie.

*en dehors des collections, ce numéro est complètement
épuisé.*

Numéro **14**. — dimanche 28 avril 1901.

Le Prix du Transvaal. — Le sang : 60.000 soldats tués.
L'or : 275.000.000 d'impôts nouveaux. La diminution
morale : importance réelle, quoique généralement méconnue, de ce facteur ; le règne de la force ne sera pas éternel.

*en dehors des collections, 20 exemplaires, un franc
l'un.*

Numéro **15**. — dimanche 5 mai 1901.

L'Ère des difficultés en Chine. — La Chine prisonnière ne veut pas lâcher ses vainqueurs. Compétitions d'intérêts européens. Nos démonstrations militaires n'ont pas d'action sur l'ensemble du peuple asiatique. Nos diplomaties n'ont pas d'action sur le pouvoir impérial. La Croisade française : les missionnaires ; vols et impunité ; attentats à la liberté de conscience des Chinois ; l'œuvre de haine.

L'ordre social en action : affaire Cornulier ; acquittement du mari assassin.

en dehors des collections, ce numéro est complètement épuisé.

Numéro **16**. — dimanche 12 mai 1901.

Fin de grève. — La grève de Montceau-les-Mines. Qu'en fait, les ouvriers sont ramenés au régime de travail antérieur à la grève : les félicitations de Jaurès ne sont pas des résultats. La grève générale ; le droit des *jaunes* et le droit des *rouges ;* difficultés de l'entente nationale et obstacles de la concurrence internationale. Millerand, et les soldats contre les grévistes : c'est un socialiste, et non le socialisme qui est au pouvoir.

en dehors des collections, 3o exemplaires, un franc l'un.

Numéro **17**. — dimanche 19 mai 1901.

L'action réformatrice. — Lettre d'un abonné : la France est fatiguée de politique ; nécessité de réformes profondes dans l'ensemble de la législation ; refonte de l'impôt sur le principe de la progression. — L'action : « ...vouloir assez fortement pour la détente d'effort continu qui aboutit à l'acte, voilà seulement ce qui manque... Il se peut que beaucoup des mieux intentionnés restent au-dessous de leur tâche. Je crois même que c'est la règle, et je ne crains pas de dire d'une façon générale que *tout homme est supérieur à son œuvre.* »

en dehors des collections, trois exemplaires, deux francs l'un.

Numéro **18.** — dimanche 26 mai 1901.

La Révolution. — Étude critique sur l'ouvrage de M. Aulard : *Histoire politique de la Révolution française (origine et développement de la démocratie et de la République).* Par qui fut faite la Révolution : le rôle nul des *héros ;* le rôle effectif des *comités ;* le rôle prépondérant de l'*idée.*

Une lettre de Scheurer-Kestner, adressée à André Lebon, en septembre 1897 ; les premiers doutes ; la volonté de savoir et d'agir.

Bjoernson et Larroumet. — Le pangermanisme. L'exclusivisme français.

en dehors des collections, 17 exemplaires, un franc l'un.

Numéro **19.** — dimanche 2 juin 1901.

Le voyage de M. Delcassé. — Les « frottements » de l'alliance franco-russe. Emprunts russes. Coquetteries russo-allemandes. Quels sont nos avantages ?
La pension du Faux-Témoin : Billot et l'affaire Dreyfus ; singulière attitude du ministère.

en dehors des collections, 25 exemplaires, un franc l'un.

Numéro **20.** — dimanche 9 juin 1901.

Branle-bas d'élections. — La France est-elle un pays qui se gouverne lui-même ? Un socialiste de gouvernement :

Millerand a duré, cela justifie tout. Concentration électorale des radicaux et des socialistes; la République cléricale et la République sociale.

L'exclusivisme français : Larroumet, exemple vivant de l'erreur de sa thèse.

en dehors des collections, 26 exemplaires, un franc l'un.

Numéro **21**. — dimanche 16 juin 1901.

Préparation de congrès. — Comment s'appellera le Congrès radical? A défaut de dénomination, le Congrès aura-t-il un programme? A défaut de programme, le Congrès aura-t-il des candidats? La question des fonds électoraux. Ne rien faire et laisser dire.

en dehors des collections, 11 exemplaires, un franc l'un.

Numéro **22**. — dimanche 23 juin 1901.

Le point de vue chinois. — Reproduction de quatre lettres de Chinois à Chinois, sur les crimes commis en Chine par les armées européennes : ces documents, émanant de M. Alexandre Ular, avaient d'abord paru dans la *Revue blanche.* — Lettre particulière de M. Alexandre Ular, adressée à M. Georges Clemenceau, sur l'origine de ces documents et leur portée.

Pour la paix. — Lettre de Bjoernson à Clemenceau.

Encore l'exclusivisme français : la thèse de Larroumet.

en dehors des collections, ce numéro est complètement épuisé.

Numéro **23**. — dimanche 30 juin 1901.

Magnificence de bourgeoisie. — « *Propos de Félix Faure* », par Saint-Simonin, parus dans *le Figaro.* La

mentalité d'un tanneur, président de la République.
« Moi, Félix Faure ».
L'emprunt Doumer : cent millions pour l'Indo-Chine.

en dehors des collections, ce numéro est complètement
épuisé.

Numéro **24.** — dimanche 7 juillet 1901.

Paris-Berlin. — A propos d'une course d'automobiles. La
noblesse n'a pas de patrie. L'argent non plus. La ques-
tion du Maroc. Et l'Alsace-Lorraine ?
Le « contrôle » du Parlement : l'expédition de Chine.
L' « ouverture du Yun-nam » : l'emprunt Doumer.
Les deux voix : les dessous du conseil de guerre de Rennes;
Jouaust et de Bréon.

en dehors des collections, huit exemplaires, deux
francs l'un.

Numéro **25.** — dimanche 14 juillet 1901.

Ce que pensent nos Marocains. — Une question religieuse. «Pourquoi cachez-vous votre société civile, qui
fait votre force, derrière la société religieuse du temps
passé, qui est votre faiblesse, quand la première vous
attirerait tous les cœurs que la seconde repousse ?... Le
dogme romain fait la nation chrétienne et la nation
musulmane ennemies. Les « droits de l'homme » les
réconcilient. Laissez là le dogme et arrivez, les « droits
« de l'homme » à la main. »

en dehors des collections, 20 exemplaires, un franc
l'un.

Numéro **26.** — dimanche 21 juillet 1901.

Voyage en Chine. — La christianisation de la Chine.
L'intervention officielle des missionnaires dans l'administration de la justice. Protestation des Chinois et révoltes
en perspective.

La capitulation du général André : Le lieutenant-colonel Ducassé inscrit au tableau d'avancement ; cet officier, pendant l'Affaire, s'occupait à compromettre la situation d'une femme qui n'y était personnellement mêlée en rien, et à soustraire des pièces des dossiers.

en dehors des collections, 20 exemplaires, un franc l'un.

Numéro **27**. — dimanche 28 juillet 1901.

La fête civique des Universités populaires. — Révolution et contre-révolution. L'expérience d'un siècle nous ramène au point de départ de l'Encyclopédie. La réforme mentale.
André, Fallières, Ducassé.
Au Louvre : Stupidité des règlements actuels ; pour les ouvriers d'art.

en dehors des collections, 22 exemplaires, un franc l'un.

Numéro **28**. — dimanche 4 août 1901.

La colonisation de l'Église. — Comment les missionnaires s'entendent à manier le soldat français à leur usage, et quel but recouvre l'œuvre des prétendues conversions. L'expropriation à main armée des indigènes. La religion au secours du négoce. Le jésuite Labaste et le *Fahavalo.*
Le règne de Doumer, en Indo-Chine.

en dehors des collections, ce numéro est complètement épuisé.

Numéro **29**. — dimanche 11 août 1901.

Encore la colonisation de l'Église. — Comment les missionnaires obtiennent des concessions de terrains à

Madagascar. — De l'utilité pour un Malgache, d'avoir, à défaut d'une conscience nette, un Jésuite dans sa manche. — Les sentiments chrétiens du Père Labaste ; le sabre, instrument de paix religieuse.

en dehors des collections, 20 exemplaires, un franc l'un.

Numéro **30.** — dimanche 18 août 1901.

Croire ou savoir. — (A propos de la première communion de la fille de M. Jaurès.) Que les conflits d'opinions sont représentatifs des conflits d'intérêts. Conciliation bourgeoise du cléricalisme et de la laïcité, par la duplicité de l'enseignement : l'enfant à l'école et à l'église. Il faut choisir.

en dehors des collections 15 exemplaires, un franc l'un.

Numéro **31.** — dimanche 25 août 1901.

La veillée des armes. — Le « bloc » réactionnaire contre les républicains divisés. Qu'un nationaliste n'est républicain que par raisons électorales. Il y a plébiscitaire et plébiscitaire, mais ça ne fait qu'un.

en dehors des collections, huit exemplaires, deux francs l'un.

Numéro **32.** — dimanche premier septembre 1901.

La « justice » du sexe fort. — L'affaire Marie Davaillant. Les deux morales sexuelles : *la vertu de la femme.* La question de l'enfant. Les problèmes du mariage et l'égalité des sexes.

en dehors des collections, 19 exemplaires, un franc l'un.

Numéro **33**. — dimanche 8 septembre 1901.

La visite du Tsar. — Opposition du système tsariste, et du gouvernement démocratique. Comment cette constatation permet aux réactionnaires de tirer de l'alliance franco-russe un argument contre l'institution républicaine. Des inconvénients pour la France de river sa politique extérieure à celle de la Russie.

en dehors des collections, ce numéro est complètement épuisé.

Numéro **34**. — dimanche 15 septembre 1901.

Une affaire Dreyfus en Allemagne. — Identique mentalité du soldat dans les pays divers. Le juge civil, et le juge militaire. L'affaire Krosigk.
Nos maîtres : La police et les arrestations arbitraires; les agents des mœurs.

en dehors des collections, six exemplaires, deux francs l'un.

Numéro **35**. — dimanche 22 septembre 1901.

Le divorce et l'annulation. — L'Église contre le divorce : l'adultère lui suffit. Les consultations canoniques des Pères Farelli-Pourcel ; les moyens de faire rentrer les divorces laïques dans le cadre des annulations religieuses. Il ne s'agit que de passer à la caisse.

en dehors des collections, dix exemplaires, deux francs l'un.

Numéro **36**. — dimanche 29 septembre 1901.

Bilan. — Après la visite des souverains russes à Compiègne. Le prix de l'alliance. Comment les nationalistes n'ont pu obtenir que leur tsar vint à Paris.

en dehors des collections, ce numéro est complètement épuisé.

Louis Lamaud

Numéro **37.** — dimanche 6 octobre 1901.

Égalité ! Égalité ! — La question « féministe ». — Réponse à madame Bradamante. De la théorie à la pratique. On possède les droits que l'on est capable de prendre. Les inconvénients actuels du vote féminin. — Réponse à madame Schmahl. L'organisation moderne du ménage. La femme au foyer.
Sous la coupole : Le budget de l'académie ; des comptes.

en dehors des collections, ce numéro est complètement épuisé.

Numéro **38.** — dimanche 13 octobre 1901.

Histoires d'insurgés. — Le départ du général Davout, grand chancelier de la Légion d'honneur. A propos d'une décoration. Le pouvoir militaire contre le pouvoir civil. Préparation de coup d'État. Les bonnes intentions et les actes contestables du général André.

en dehors des collections, 15 exemplaires, un franc l'un.

Numéro **39.** — dimanche 20 octobre 1901.

A la Comédie. — La victoire de M. Claretie sur ses comédiens. Un acte d'autorité qui n'est pas un acte de raison : la suppression du comité de lecture. Mauvaise gestion artistique et financière de l'administrateur du Théâtre-Français.

en dehors des collections, huit exemplaires, deux francs l'un.

Numéro **40.** — dimanche 27 octobre 1901.

Le Peuple-Roi. — Étude critique sur *la Vie Publique*, de M. Émile Fabre, représentée au théâtre de la Renais-

sance. — L'institution du suffrage universel. Du droit de vote à la capacité de s'en servir...
La grève générale.

en dehors des collections, dix exemplaires, deux francs l'un.

Numéro **41**. — dimanche 3 novembre 1901.

La Confession de Labori. — Un article de M. Labori, dans *la Grande Revue :* le mal politique et les partis. M. Labori et l'affaire Dreyfus. La duplicité du gouvernement de défense républicaine lors du vote de l'amnistie. Inutilité d'un nouveau groupement politique : ce ne sont pas les idées qui nous manquent, mais nous qui manquons aux idées. L'homme seul, contre les partis.

en dehors des collections, 13 exemplaires, un franc l'un.

Numéro **42**. — dimanche 10 novembre 1901.

L'incident franco-turc. — L'affaire des quais. L'affaire Tubini-Lorando. L'occupation de Mitylène. S'il n'eût été question que des Arméniens... Pourquoi n'a-t-on pas songé à l'arbitrage ?

en dehors des collections, huit exemplaires, deux francs l'un.

Numéro **43**. — dimanche 17 novembre 1901.

La politique étrangère de la Grande-Bretagne. — Le ballon d'essai de la *National Review :* rivalité anglo-allemande; les conditions d'une entente anglo-russe.

en dehors des collections, ce numéro est complètement épuisé.

Louis Lamaud

Numéro **44**. — dimanche 24 novembre 1901.

Pourquoi? — Affaires de Turquie : la question armé-
nienne. — Inertie de notre diplomatie à faire respecter
le traité de Berlin : ainsi le veut l'intérêt de la Russie.

Le rapport du général Voyron. — Résumé analytique
de ce document, tenu secret parce qu'il contient certaines vérités que la congrégation ne trouve pas bonnes
à dire : comme quoi le pillage, durant la guerre de Chine,
a été organisé par nos missionnaires et à leur profit.

*en dehors des collections, onze exemplaires, deux
francs l'un.*

Numéro **45**. — dimanche premier décembre 1901.

Moines et Révolutionnaires. — Comment la défense
républicaine exporte le cléricalisme. Les responsabilités
des socialistes de gouvernement. La colonisation de
l'Église. Un discours de Georges Périn, député de la
Haute-Vienne, en 1882 : catholiques romains avant d'être
français; l'enseignement de la langue française négligé.

*en dehors des collections, dix exemplaires, deux
francs l'un.*

Numéro **46**. — dimanche 8 décembre 1901.

La République jésuitise. — Les moines de Chine indem-
nisés par le gouvernement français des « pertes » subies
par eux durant l'expédition!... Là résignation des radicaux : fléchissement général des consciences, à l'approche
des élections législatives.
Le chemin de fer du Yun-nam : M. Doumer avait oublié que
le Yun-nam est territoire chinois.

*en dehors des collections, dix exemplaires, deux
francs l'un.*

Numéro **47**. — dimanche 15 décembre 1901.

Pro domo. — L'hypothèse d'un rapprochement franco-allemand et la question de l'Alsace-Lorraine. Réponse à Jaurès. La politique d'expéditions coloniales de Jules Ferry, instituée pour détourner les regards de la frontière de l'est, et satisfaire en même temps le chauvinisme national. A propos de l'idée de revanche : le rôle actuel des « patries » ; l'union des peuples : renoncement ou réparation?

en dehors des collections, 15 exemplaires, un franc l'un.

Numéro **48**. — dimanche 22 décembre 1901.

L'art de conserver les abus. — La question Delpech, au Sénat, sur les pensions Billot et Saussier. L'armée de la nation n'est pas l'armée du Roi. Comment le général André s'occupe à reculer illégalement la limite d'âge. En Allemagne tous les efforts tendent à rajeunir le commandement.

Confidentiel : Les passages du rapport Voyron relatifs à l'attitude des armées étrangères.

en dehors des collections, dix exemplaires, deux francs l'un.

Numéro **49**. — dimanche 29 décembre 1901.

A la veille des élections. — Professions de foi des candidats : le paradis va régner sur la terre. La souveraineté du peuple en action : les élus s'occupent à « durer »; la « curée » opportuniste continue de plus belle, depuis que M. Waldeck-Rousseau y a convié les socialistes.

en dehors des collections, treize exemplaires, deux francs l'un.

Louis Lamaud

DEUXIÈME ANNÉE

Numéro 1. — dimanche 5 janvier 1902.

Félonie de gouvernement. — Le général André replace
en activité le général Geslin de Bourgogne, qu'il avait
mis en disponibilité pour un discours prononcé à Vannes,
et contenant l'apologie des traîtres de Quiberon, combattant contre la France avec l'aide des Anglais (1795).
Répercussion de ces actes sur la mentalité militaire :
les églises, autrefois vides d'officiers, en sont aujourd'hui
encombrées.

en dehors des collections, ce numéro est complètement
épuisé.

Numéro 2. — dimanche 12 janvier 1902.

L'État, c'est lui! — La dictature de M. Claretie, à la
Comédie-Française. Le déficit financier et les intérêts des
sociétaires. L'art officiel et la direction des Beaux-Arts.

en dehors des collections, ce numéro est complètement
épuisé.

Numéro 3. — dimanche 19 janvier 1902.

Discours pour la Couronne. — Discours de M. Waldeck-Rousseau à Saint-Étienne. Que le contentement du
président du Conseil ne doit pas nécessairement être
partagé par tous les républicains. Bien parler et bien
agir sont deux. Comment les faiblesses et les incohé-
rences de la politique ministérielle facilitent le recrutement nationaliste. — Discours de M. Millerand. Du collectivisme au réformisme ; lutte de classes, collaboration
de classes ; la politique des « transactions » et l'appétit
du pouvoir.

en dehors des collections, ce numéro est complètement
épuisé.

Numéro 4. — dimanche 26 janvier 1902.

Jésuites et Jésuitisants. — L'interpellation Guieysse, à la Chambre, sur la réintégration du général Geslin de Bourgogne. Explication embarrassée du général André. La mise au point faite par Pelletan, dans *la Dépêche de Toulouse*. Une rectification de Georges Clemenceau : *ce sont des « dreyfusards » qui sont intervenus en faveur du général frappé*. Tous les Jésuites n'appartiennent pas à la compagnie de Loyola.

La loi Falloux. — Accord sur l'abrogation. Désaccord sur l'institution d'un nouveau régime. La défiance de la liberté.

en dehors des collections, ce numéro est complètement épuisé.

Numéro 5. — dimanche 2 février 1902.

La Crise du « Figaro ». — Un journal de « classe ». Opinions politiques et rentrées pécuniaires. Le départ de M. Cornély. La défense des « droits des riches ».

en dehors des collections, ce numéro est complètement épuisé.

Numéro 6. — dimanche 9 février 1902.

Tous les moyens. — Campagne électorale des femmes du monde contre la République. Boycottage des fournisseurs qui ne seraient pas « bien pensants ». La revanche du nombre : socialisme et lutte de classe. La quête pour les candidats du château : l'appel de fonds de la *Ligue des Femmes françaises*. La circulaire du *Bulletin du Vœu national*, citée par Henry Bérenger, dans *la Dépêche :* les jeunes filles recrutent les votes des vieux marcheurs.

en dehors des collections, ce numéro est complètement épuisé.

Numéro **7**. — samedi 15 février 1902.

Les Prétendants. — Un manifeste électoral du prince Victor-Napoléon Bonaparte. Le régime parlementaire d'une part, et ses garanties de liberté; d'autre part, la concentration réactionnaire sous la direction de Rome. Le suffrage universel : difficulté de l'abdication populaire.

Choses d'Indo-Chine : La brutalité européenne; les missionnaires « chrétiens »; citations du courrier de M. Félicien Challaye, paru aux *Cahiers de la Quinzaine.*

en dehors des collections, ce numéro est complètement épuisé.

Numéro **8**. — samedi 22 février 1902.

Le traité anglo-japonais. — La diplomatie française prise au dépourvu. Hostilité de la Chine et du Japon. Les divers points de vue des diverses puissances. Un nouveau facteur de la politique internationale.

en dehors des collections, ce numéro est complètement épuisé.

Numéro **9**. — samedi premier mars 1902.

La plateforme électorale. — La coalition contre la République. « Le bon maître sera le plus fort. » L'Église unit les forces auparavant divisées. L'équivoque nationaliste. Alliances dans l'ombre : Méline et la Patrie Française.

Le service de deux ans. — Rapport de M. Berteaux, sur le budget de la guerre.

Encore le rapport Voyron. — Publication de nouveaux extraits de ce document confidentiel.

en dehors des collections, ce numéro est complètement épuisé.

Numéro **10**. — samedi 8 mars 1902.

Le Socialisme embourgeoisé. — Jugement favorable porté par Millerand sur lui-même. La doctrine opportuniste du socialisme de gouvernement. Changement de front devant les électeurs. Le parti socialiste révolutionnaire, et l'autre.

en dehors des collections, ce numéro est complètement épuisé.

Numéro **11**. — 15 mars 1902.

Le Poincarisme. — Un homme représentatif d'une génération : dissociation de l'intelligence et du caractère ; la volonté d'être avec les plus forts. Une attitude électorale : la critique du ministère, en vue des sympathies nationalistes. Trop d'habileté peut nuire.
Question des sucres. — La conférence internationale de Bruxelles. L'abolition des primes.
La Traite rétablie. — Le recrutement d'Annamites, transportés en Nouvelle-Calédonie.

en dehors des collections, ce numéro est complètement épuisé.

Les deux premières feuilles de ce cahier étaient tirées quand l'Aurore publia, dans son numéro du vendredi 4 décembre, l'article suivant de M. Clemenceau, — article complémentaire au dossier que nous avons commencé des libertés internationales :

A PROPOS DE L'ARBITRAGE

Je ne puis que prendre acte avec joie des bonnes intentions des non moins bonnes gens qui font campagne en faveur de l'arbitrage. Il ne suffit pas, cependant, d'organiser un tribunal international, de banqueter, de prononcer des discours ou d'écrire des articles de journaux pour faire avancer la question d'un seul pas.

Ce qui fait l'intérêt des tribunaux ordinaires, c'est qu'il y a une sanction *de force* pour leurs arrêts. Quand juge ou jury ont prononcé une sentence, il n'est pas sûr du tout que, sans le secours de la gendarmerie, le condamné se rendît à la prison, au bagne, ou même à l'échafaud. La force armée classique veille à l'exécution des arrêts de justice, et, par ce moyen, ces arrêts sont autre chose qu'un simple passe-temps.

Quand le tribunal de La Haye aura dit que l'Angleterre a tort, je suppose, et que la Hollande a raison, comment obligera-t-on le fort à se soumettre à la décision qui le condamne à s'incliner devant le faible? Cette question n'a pas beaucoup préoccupé jusqu'ici, et pour cause, les politiques excellents qui se font honneur de palabrer sur la vertu de l'arbitrage. Rien n'est si malheureux que cette négligence, car, aussi longtemps que le tribunal international ne disposera

d'aucun moyen de faire exécuter obligatoirement ses
arrêts, — dans le cas, trop facile à prévoir, de la mauvaise volonté de l'une des parties, — il ne sera rien
qu'un magnifique décor de tromperie.

Une force internationale, je m'empresse de le reconnaître, n'est point impossible à organiser. Mais il faudra, pour qu'elle jouisse d'une puissance déterminante,
faire correspondre à son organisation un désarmement
obligatoire des nations soumises au tribunal d'arbitrage, sans quoi tout jugement pacificateur équivau-
drait à une déclaration de guerre. Qui s'assurera que
le désarmement n'est pas une simple apparence? Comment, avec la liberté du commerce des armes, et grâce
à l'effet foudroyant des explosifs, empêchera-t-on l'ar-
mement, partiel ou général, en un temps qui peut être
très court, de tel ou tel groupement? Quel contrôle
permanent pourra-t-on instituer à cet égard? Et, quand
on aura découvert un manquement à la foi jurée, quels
moyens de réprimer la faute? Ce sont là des questions
en dehors de la solution desquelles il ne saurait y
avoir une organisation sérieuse de l'arbitrage.

Je suis fort loin de dire qu'elles soient impossibles à
résoudre. Il me paraît seulement que les promoteurs de
l'arbitrage, au lieu de conclure solennellement des con-
ventions qui ne signifient rien du tout et de s'entre-
féliciter, avec une solennité plutôt puérile, de ce néant,
feraient bien de s'appliquer à résoudre les difficultés que
je signale, d'où dépend l'avenir de l'institution de justice
internationale qu'ils nous recommandent.

Dans la Grèce antique l'amphictyonie de Delphes était
un véritable tribunal de La Haye, sans force d'éxécution.
Il devait assurer la paix. Philippe de Macédoine en fit

sortir « *la guerre sacrée* », qui fut le premier acte de sa domination par la force des armes. Nouveau danger à signaler : le cas où la force d'exécution abuserait de son pouvoir.

On voit que s'il est simple de recommander l'arbitrage après boire, il n'est pas très facile de l'organiser. Cela ne veut pas dire que nos arrière-neveux ne verront pas un jour « les États-Unis d'Europe ». Notre devoir, sans doute, est, dès à présent, de tout faire pour hâter ce progrès. Mais il est bien clair, n'est-ce pas, qu'on n'aboutira, en cas de succès, qu'à un simple déplacement de la force, non à la suppression de la violence armée. Encore ne serons-nous pas sûrs d'éviter ainsi la guerre, comme l'a démontré l'expérience des États-Unis d'Amérique par l'effroyable déchirement de la Sécession. Je n'insiste pas. Quelle distance de nos magnifiques espoirs à la plus modeste réalisation de pacifique justice !

Ne nous laissons pas décourager. Quelque lointain que paraisse le but, souvenons-nous qu'aucun de nos efforts pour nous en rapprocher ne peut être perdu. Le plus urgent peut-être, avant de prêcher la justice à autrui, serait de la cultiver soigneusement en nous-mêmes. C'est la partie la moins tentante, mais la plus efficace, de notre tâche. Et pourtant, si par la culture prolongée du juste en nos âmes, il se faisait quelque jour une génération d'hommes sincèrement respectueux du droit, toutes les difficultés que j'ai signalées plus haut se trouveraient d'un seul coup résolues.

GEORGES CLEMENCEAU

*L'Aurore du jeudi 3 décembre publiait la commu-
nication suivante de M. Clemenceau :*

BERNARD-LAZARE ET TRARIEUX

J'ai reçu la lettre suivante :

Paris, premier décembre,

Monsieur le Sénateur,

Je viens de voir votre article d'aujourd'hui. J'y ai lu,
avec quelque surprise, cette phrase : « Gloire à Zola
pour avoir poussé le *premier* cri de réveil. »

Vous avez oublié peut-être que, dès le mois d'octobre 1896, mon frère, Bernard-Lazare, bien avant tous
les autres, le premier contre tous, avait dénoncé l'iniquité commise.

Vous avez oublié sans doute que, pendant un an,
seul contre le pays entier, il a protesté contre l'œuvre
odieuse, qu'il a usé ses forces dans une propagande
obstinée et que c'est lui, plus que tout autre, qui réussit
à éveiller les consciences, à porter la lumière dans les
esprits. Cela, du moins, nous, les siens, nous ne l'oublions pas. Et c'est le même amour de la justice qui,
durant toute sa vie, anima mon frère, qui nous fait
nous révolter de voir oublié ainsi celui qui a donné son
existence pour libérer les autres, et qui est parti sans

qu'aucun de ceux qui combattirent auprès de lui, mais après lui, ait salué cet homme admirable et simple.

Croyez, Monsieur le Sénateur, à mes sentiments les plus distingués.

FERNAND BERNARD

Non je n'ai rien oublié. Seulement, mes articles ne sauraient être une distribution de prix. Il faut me contenter d'une phrase sommaire au cours d'un bref développement. Je sais tout ce qu'a fait Bernard-Lazare et je lui rends hommage. Il a parlé *le premier,* mais Zola a mis le monde en mouvement par un acte admirable qui est le vrai point de départ de l'affaire. Le colonel Picquart, Leblois, Scheurer-Kestner, ont bien eu aussi leur mot à dire dans cette histoire. Ni eux, ni aucun des leurs n'auraient eu l'idée de réclamer.

Un de nos abonnés relève la phrase du même article où j'ai rappelé que je fus à peu près seul contre l'amnistie et me demande si j'ai oublié la double harangue de notre cher ami Trarieux, au Sénat, contre l'amnistie. Bien loin de là, assurément. Trarieux a combattu le bon combat partout et toujours, et d'autres avec lui. Je lui envoie de grand cœur mon salut affectueux. Mon honorable correspondant voudra bien m'excuser au même titre que M. Fernand Bernard. Le métier de journaliste exige souvent qu'on présente un ensemble de faits en raccourci. Quand j'ai écrit la phrase en question, je pensais d'abord, je l'avoue, à ceux qui nous abandonnèrent et que je ne voulais pas relater. J'inscrivis au passage mon impression de cette journée, et ma pensée suivit son cours. Trarieux, s'il m'a lu, n'a pas douté de ma grande joie à lui rendre justice pour l'héroïsme tranquille et la tenace revendication de droit dont il nous a donné le magnifique exemple.

G. C.

Je ne prévoyais pas que dans un cahier que nous voulions réserver presque tout entier au beau discours de Clemenceau pour la liberté de l'enseignement, au dossier des beaux articles de M. Clemenceau pour la liberté de l'enseignement et pour les libertés internationales, au catalogue analytique sommaire du *Bloc,* et à quelques commentaires, je n'attendais pas qu'au moment où M. Clemenceau lutte si utilement pour les libertés communes, j'aurais, sur un article de lui, à intervenir personnellement; mais la mort a un droit devant qui nous devons incliner la courtoisie même et le respect dû aux vivants.

Je me reporte à l'article de M. Clemenceau à qui répond M. Fernand Bernard; c'est le grand article intitulé *dès Faux ! des Faux !* publié dans *l'Aurore* du mardi premier décembre, c'est-à-dire dans le premier numéro de *l'Aurore* qui parut sur six pages et qui fut vendu un sou à Paris, en Seine, et en Seine-et-Oise; nous pouvons penser que ce numéro fut l'objet d'un lancement sérieux; nous avons presque tous collaboré à ce lancement, dans la mesure de nos moyens; ce grand article était aussi le premier article de M. Clemenceau sur la nouvelle demande en revision introduite par M. Dreyfus auprès des pouvoirs publics; la note de l'Havas annonçant que le garde des sceaux avait saisi la commission instituée au ministère de la justice avait été publiée dans les journaux, et en particulier dans *l'Aurore,* du dimanche 29 novembre; l'article de M. Clemenceau du même dimanche 29 était sur l'*appel à la conscience humaine* du *Bureau Socialiste International* contre les lynchages des noirs dans l'Amérique du Nord et portait ensuite le texte de ce manifeste: l'article de M. Clemenceau du lendemain lundi 30, *l'Idée fait son chemin,* portait sur la séparation de l'Église et de l'État; l'article du surlendemain

mardi premier décembre fut le premier article de
M. Clemenceau sur le dernier recommencement de
l'affaire ; ce fut un article extrêmement vigoureux ;
extrêmement important ; nous le publierons ici même si
ce recommencement de l'affaire est sérieux et si ainsi
nous sommes conduits à en constituer un dossier.

C'est dans cet article que nous avons lu la phrase
incriminée : *Gloire éternelle à Zola pour avoir poussé
le premier cri de réveil ! A sa voix, la vérité se mit en
marche sous les huées de la bande monacale,* — et plus
loin : *Derrière Émile Zola, quelques hommes se trou-
vèrent, pour refuser de se rendre. La magistrature,
l'Université, l'armée même apportèrent un contingent
faible par le nombre, mais d'une puissance victorieuse
par l'invincible impulsion de l'idée.*

A première vue, au premier sursaut, et pour qui sait
un peu ce que fut dans la réalité de l'histoire la réalité
des événements, la profondeur et la passion des sentiments, la hauteur et la tenue de l'idée, la réalité des
actes surtout qui ont constitué ce que nous nommons
aujourd'hui l'affaire Dreyfus et qui éternellement sera
nommé l'affaire Dreyfus, rien ne peut produire un
aussi extrême agacement, et, ce qui est beaucoup plus
grave que l'agacement, rien ne peut produire une aussi
extrême indignation que cette primauté injustement
attribuée à Zola ; totale. Mon Dieu nous savons tous
que ce sont les musiques militaires qui gagnent les
batailles, et que la grosse caisse, en particulier, fait
plus que l'artillerie pour effondrer les carrés ; nous
savons cela ; c'est la croyance commune, universelle,
et, pour prononcer le mot sacré, c'est la foi démocratique ; on l'enseigne des heures innombrables dans les

écoles innombrables ; cela réussit auprès des élèves, auprès des foules, auprès des troupes, auprès des électeurs ; partout on enseigne à tout venant que le pas de charge, que les tambours et clairons battant et sonnant la charge faisaient la conquête, et le gain des batailles ; mais entre nous enfin, hors de la politique, hors des manifestations scolaires, hors des élections, n'allons-nous pas savoir que toute victoire et que toute bataille, que tout travail réside aux volontés constantes et fidèles des hommes, aux pertinacités des peuples et des races, aux intensités cérébrales, aux longévités volontaires intelligentes ; n'allons-nous pas savoir distinguer de l'éloquence et de ses foudres, de la représentation, de la manifestation, de la musique et du retentissement, des cymbales et des rangées de tambours la haute et froide maîtrise, l'intelligente et rare volonté, le génie même, car c'est lui ; sommes-nous tombés si bas dans la défiguration politique parlementaire que nous ne sachions plus distinguer des Mirabeau et des Danton, des Jaurès et des paroliers, l'ardente et froide volonté géniale d'un Richelieu, d'un Robespierre, et d'un Saint-Just.

Non pas que j'en aie à M. Clemenceau ; lui-même entraîné dans l'affaire et depuis lors y marchant librement de son pas, lui-même emporté dans le prodigieux tourbillonnement, dans l'ardente action de cette affaire unique, il a pu sincèrement oublier comme elle avait commencé ; remontant les souvenirs de sa mémoire, il a pu s'arrêter lui-même ébloui au foudroyant *J'accuse* de Zola ; c'est à ce coup de foudre que s'arrête généralement aujourd'hui la foule des dreyfusistes, — puisque il y a, hélas, une foule des drey-

fusistes; — mais un homme comme Clemenceau, que
son goût de la réalité doit pousser justement à rechercher les causes antérieures dans les événements de
l'histoire et dans les actes, parce que dans l'immense
majorité des faits et des résultats elles sont les vraies
causes, un homme comme Clemenceau dont le talent
oratoire est violemment ennemi de la redondance,
n'aime que les foudres sèches, un homme comme Clemenceau se devait à lui-même de retrouver au delà de
ce *J'accuse* éblouissant l'action unique, déterminante,
fondamentale, originaire de Bernard-Lazare.

Il ne s'agit nullement d'en avoir à M. Clemenceau;
un article de journal est forcément un raccourci; et
nous avons trop admiré les infatigables, clairs et lon-
guement brefs articles quotidiens que le même Clemenceau écrivait dans la même *Aurore* au cœur de l'affaire
pour aujourd'hui récriminer contre les exigences de
cette forme; tout ce que nous regrettons, c'est qu'ayant
un nom à donner, sans chercher à savoir et sans considérer, littéralement sans réfléchir, ce ne soit pas le
nom de Bernard-Lazare qui soit sorti de sa plume
comme le nom de l'initiateur, qui de lui-même soit
sorti, qui ait jailli; c'est exactement là tout ce que
nous regrettons; nous ne faisons aucun reproche;
aucune récrimination; aucun grief; le caractère même
de Bernard-Lazare nous l'interdit; nous manifestons
seulement un regret.

Il ne s'agit nullement d'en avoir à M. Clemenceau;
M. Clemenceau n'a jamais caché l'estime qu'il avait de
Bernard-Lazare; Bernard-Lazare n'a jamais caché l'estime qu'il avait de M. Clemenceau; quand M. Clemenceau suspendit puis cessa la publication du *Bloc*, je

demandai à Bernard-Lazare de vouloir bien faire
auprès de lui les démarches nécessaires pour assurer
aux cahiers la continuation administrative du *Bloc*,
c'est-à-dire, sommairement parlant et mutations faites,
pour effectuer dès lors l'opération que nous pouvons
enfin réaliser aujourd'hui, et dans ce cahier même;
Bernard-Lazare ne me parla jamais de Clemenceau
que dans les termes d'une estime entière; Clemenceau
n'a jamais eu à classer Bernard-Lazare parmi les
mauvais dreyfusistes; Bernard-Lazare n'a jamais eu
à classer Clemenceau parmi les mauvais dreyfusistes;
les douloureux débats qui se sont produits parmi les
dreyfusistes ne se sont pas produits entre eux deux.

Il ne s'agit ici que d'une évaluation d'histoire.

Il ne s'agit nullement d'en avoir à M. Clemenceau; il
est parfaitement vrai, comme lui-même l'indique dans
sa réponse à M. Fernand Bernard, que ce n'est nullement, que ce n'est absolument pas contre la mémoire
de Bernard-Lazare qu'il éprouvait le besoin de remonter jusqu'à la mémoire de Zola; oui, quand il a écrit la
phrase en question, il pensait d'abord à ceux qui nous
abandonnèrent et qu'il ne voulait pas relater; il inscrivit
au passage son impression de cette journée, et sa
pensée suivit son cours; aussi n'est-ce pas pour exercer
une revendication que totalement inconnu de lui, mais
dans un cahier qui premièrement lui revenait presque
tout entier, je me suis permis d'intervenir personnellement; c'est au contraire pour son gouvernement personnel que je le prie de vouloir bien considérer qu'il y
a dans cette affaire Dreyfus plusieurs couches d'événements, plusieurs strates d'action, plusieurs ordres de
responsabilités parmi les dreyfusistes, et peut-être

plusieurs ordres de responsabilités parmi les antidreyfusistes, où je mets les indifférents ; le nombre de ces ordres peut croître si l'affaire passe par de nouvelles phases ; mais il ne peut pas diminuer.

Il ne s'agit ici que d'une évaluation d'histoire ; mais il s'agit d'une évaluation d'histoire à laquelle nous tenons absolument.

Commençant par la fin, au moins par la fin provisoire, par la dernière fin que jusqu'ici nous connaissions, les dreyfusistes qui, de concert avec le gouvernement et avec certains antidreyfusistes, ont fait ou, ce qui moralement et pragmatiquement revient au même, ont laissé faire, ont accepté l'amnistie, et non seulement cette amnistie particulière de l'affaire Dreyfus, mais toute l'amnistie de tout le dreyfusisme même, forment un ordre tel que tous ceux qui ont fait, laissé faire ou accepté l'amnistie ou quelque amnistie sont dans cet ordre et que tous ceux qui n'ont ni fait, ni laissé faire, ni accepté aucune amnistie ne sont pas dans cet ordre, et que tous ceux qui ne sont pas dans cet ordre ont raison sur et contre tous ceux qui sont dans cet ordre ; et à l'égard de l'affaire, et généralement à l'égard de toute l'action ; ainsi tous ceux qui sont dans cet ordre sont assurés d'avoir tort ; mais tous ceux qui sont hors de cet ordre ne sont pas assurés d'avoir raison ; avoir été de quelque manière pour l'amnistie est une condition suffisante pour avoir tort ; avoir été de quelque manière contre l'amnistie est une condition nécessaire mais non pas suffisante pour avoir raison. De ce que Zola fut vigoureusement, obstinément contre l'amnistie particulière de l'affaire Dreyfus, il ne suit nullement que Zola ait été l'initiateur, le fabricateur et le premier auteur de l'affaire Dreyfus ; avoir été pour l'amnistie a malheureusement conféré un très grand nombre de vices ; avoir été contre l'amnistie n'a pu suffire à conférer toutes les vertus ; la profonde amitié que Clemenceau a pu vouer, que nous avons pu vouer à Zola pour sa résistance opiniâtre à l'amnistie, amitié sans cesse rehaussée par le spectacle de tant de défections et de tant de lâchetés, la profonde reconnaissance que nous avons tous pu vouer à la mémoire de Zola ne peut justement retentir sur les commencements de l'affaire. Zola et Bernard-Lazare appartiennent l'un et l'autre, parmi les dreyfusistes, à l'ordre de ceux qui ont résolument combattu l'amnistie ; Clemenceau appartient éminemment à cet ordre ; nous en sommes nous-mêmes, à notre rang ; tous ensemble nous avons raison, à cet égard, sur et contre tous ceux qui ont préconisé l'amnistie ; mais entre nous, si d'autres débats s'émeuvent, qui nous départagera ? dans cet ordre que nous avons reconnu, et qui se définit l'ordre de tous ceux qui ont résolument repoussé, résolument combattu l'amnistie particulière de l'affaire Dreyfus, de nouveaux débats ne vont-ils pas tailler de nouveaux ordres différents ?

Je continuerai cette communication, si je le puis, dans un prochain cahier. J'y joindrai les quelques notes que je voulais mettre en commentaires au cahier même de M. Clemenceau, et, s'il y a lieu, quelques notes sur le recommencement de l'affaire.

TABLE

discours pour la liberté

TABLE

*Nous ne saurions trop engager nos abonnés, — parti-
culièrement ceux qui travaillent et ainsi ont besoin
d'instruments, — et ceux qui se composent une biblio-
thèque, — à nous commander, pendant qu'il en est temps
encore, une collection complète du Bloc ; à plus forte
raison ne pouvons-nous trop engager ceux de nos
abonnés qui ont acheté les numéros du Bloc en leur
temps, ou qui ont été abonnés à cette gazette, et qui
n'ont pas des collections complètes, à compléter leurs
collections.*

*Nous avons donné le bon à tirer après corrections
pour deux mille exemplaires de ce cinquième cahier le
mardi 8 décembre 1903.*

Le Gérant : CHARLES PÉGUY

Ce cahier a été composé et tiré au tarif des ouvriers syndiqués.

IMPRIMERIE DE SURESNES (E. PAYEN, administrateur), 9, rue du Pont. — 8225

Nos Cahiers sont édités par des souscriptions men-
suelles régulières et par des souscriptions extraordi-
naires ; la souscription ne confère aucune autorité sur
la rédaction ni sur l'administration : ces fonctions
demeurent libres.

Nous servons :
des abonnements de souscription à cent francs ;
des abonnements ordinaires à vingt francs ;
et des abonnements de propagande à douze francs.

Il va de soi qu'il n'y a pas une seule différence de
service entre ces différents abonnements. Nous voulons
seulement que nos cahiers soient accessibles à tout le
monde également.

Le prix de nos abonnements ordinaires est à peu près
égal au prix de revient ; le prix de nos abonnements de
propagande est donc sensiblement inférieur au prix de
revient. Nous ne consentons des abonnements de propa-
gande que pour la France.

Nous acceptons que nos abonnés paient leur abonne-
ment par mensualités de un ou deux francs.

Pour tout changement d'adresse envoyer soixante
centimes, quatre timbres de quinze centimes.

L'abonnement de propagande cessé de fonctionner
pour chaque série à l'achèvement de cette série; la
quatrième série normale ayant fini fin juin 1903, on
pouvait jusqu'au 3o juin 1903 avoir au prix de propagande les vingt premiers cahiers de cette série.

L'abonnement ordinaire cesse de fonctionner pour
chaque série au plus tard le 31 décembre qui suit
l'achèvement de cette série; ainsi du premier juillet au
31 décembre 1903 on peut encore avoir pour vingt francs
les vingt-deux cahiers de la quatrième série complète.

Le dixième cahier de cette série, Romain Rolland, *Beethoven*, était épuisé depuis plusieurs mois; nous avons procédé pendant les vacances à une seconde édition et nous avons complété par des exemplaires de cette seconde édition les quatrièmes séries acquises par la voie de l'abonnement. Cette seconde édition, tirée à trois mille exemplaires, est en vente au bureau des cahiers.

A partir du premier janvier qui suit l'achèvement d'une série, le prix de cette série est porté au moins au total des prix marqués; ainsi à partir du premier janvier 1904 la quatrième série sera vendue au moins trente-cinq francs.

M. André Bourgeois, administrateur des cahiers, reçoit pour l'administration et pour la librairie tous les jours de la semaine, le dimanche excepté, — de huit heures à onze heures et de une heure à sept heures.

M. Charles Péguy, gérant des cahiers, reçoit pour la rédaction le jeudi soir de deux heures à cinq heures.

Adresser à M. André Bourgeois, administrateur des cahiers, 8, rue de la Sorbonne, Paris, toute la correspondance d'administration et de librairie : abonnements et réabonnements, rectifications et changements d'adresse, cahiers manquants, mandats, indication de nouveaux abonnés. N'oublier pas d'indiquer dans la correspondance le numéro de l'abonnement, comme il est inscrit sur l'étiquette, avant le nom.

Adresser à M. Charles Péguy, gérant des cahiers, 8, rue de la Sorbonne, Paris, la correspondance de rédaction et d'institution. Toute correspondance d'administration adressée à M. Péguy peut entraîner pour la réponse un retard considérable.

Nous demandons à nos abonnés d'utiliser le mouvement de fin d'année et le mouvement de commencement d'année pour nous chercher des abonnés nouveaux ; beaucoup de personnes font en décembre et en janvier leur budget de lecture pour l'année à venir; quand je sollicite moi-même un abonnement pour les cahiers, ce qui m'arrive, bien que j'aie depuis longtemps épuisé mon personnel de connaissances et d'amitiés, je ne dis jamais : Abonnez-vous aux cahiers ; ils vous plairont ; ils vous intéresseront ; ils vous amuseront; il diront comme vous; ils vous flatteront. Je dis : Veuillez, à titre d'essai, vous abonner aux cahiers pour une ou deux séries ; ces cahiers ne sont pas parfaits, je le sais mieux que personne ; ils n'en représentent pas moins un effort de travail très sérieux.

Cahiers d'étrennes. — Je suis assuré qu'un grand nombre des cahiers déjà publiés feraient de belles étrennes; les étrennes ne sont pas toujours un vain commerce de futilités ; pour les pauvres elles sont souvent une occasion de donner ce superflu nécessaire que sans elles on ne recevrait jamais; le vieux professeur qui au temps de ma jeunesse m'envoya régulièrement, d'année en année, de nouvelle année en nouvelle année, tout le Leconte de Lisle, — *poèmes antiques, poèmes barbares, poèmes tragiques,* — et tout le Sully-Prudhomme, a plus fait pour ma formation que tous les sociologues et que tous les pédagogues n'ont fait depuis pour ma déformation; qu'il en reçoive ici l'assurance respectueuse et affectueuse, puisque son ancienne amitié a bien voulu m'accompagner, efficace et constante, dans ces cahiers.

Gérant de tous ces cahiers, je n'ai pas à les départager au regard du public pour cet usage; mais quand je regarde la collection des quatre premières séries sur laquelle je travaille, et ce commencement de la cinquième, je vois parfaitement quels cahiers j'enverrais, en étrennes, à quelles personnes.

Même je vois à qui on pourrait donner en étrennes un abonnement aux cahiers, pour une série; un abonnement à la série en cours, cinquième série, fait de bonnes étrennes, puisque le nouvel abonné reçoit au nouvel an les six premiers cahiers de la série, — sous cette réserve que le bénéficiaire ne soit pas lui-même en état de s'abonner, et que l'abonnement d'étrennes ne soit pas un abonnement gratuit déguisé; une expérience complète nous a montré tous les dangers de l'abonnement gratuit.

———————

Depuis le troisième cahier de cette série inclus, *cahier de l'inauguration du monument de Renan à Tréguier le dimanche treize septembre 1903*, nous faisons tirer à dix mille exemplaires, pour chacun des cahiers qui le comportent, sur deux, quatre ou huit pages, un *vient de paraître*; devant les premiers résultats obtenus par l'envoi raisonné de ces *vient de paraître*, nous avons en effet résolu d'étendre ce service autant que nous le pourrons, et nous demandons à nos abonnés de nous y aider; pour savoir ce qui paraît dans les cahiers, il suffit d'envoyer son nom et son adresse à M. André Bourgeois, administrateur des cahiers, 8, rue de la Sorbonne, rez-de-chaussée, Paris, cinquième arrondissement; on recevra régulièrement nos *vient de paraître*; pour faire savoir à quelqu'un ce qui paraît dans les cahiers, il suffit d'envoyer à M. André Bourgeois le nom et l'adresse de la personne à qui on s'intéresse; avertir en même temps cette personne; elle recevra régulièrement nos *vient de paraître*.

CPSIA information can be obtained
at www.ICGtesting.com
Printed in the USA
BVHW04s1316270718
522824BV00014B/192/P